*Dedicado a mi mujer,
a mi hija por su apoyo
constante y permanente
y a mis padres,*

## Índice

1. Introducción.

2. Un poco de historia.

3. Fines, causas, y distintas técnicas de tratamiento en la Reproducción Asistida.

4. La Ley 14/2006, de 26 de mayo, sobre técnicas de reproducción humana asistida.

5. La Ley 14/2007, de 3 de julio, de investigación biomédica.

6. Otra normativa.

    6.1. El convenio de Oviedo.

    6.2. El convenio de Helsinki.

7. Aspectos jurídicos y éticos sobre diversos aspectos de la Ley 14/2006, de 2006 de mayo, sobre técnicas de reproducción humana asistida y de la Ley 14/2007, de 3 de julio, de investigación biomédica.

    7.1. Maternidad subrogada.

    7.2. Ovodonación.

    7.3. Embrión y su tratamiento; Cuestiones éticas.

    7.4. Fecundación post-mortem.

    7.5. Diagnóstico Genético Preimplantacional (DGP).

    7.6. Universalidad del acceso a estas prácticas.

    7.7. La selección del Sexo.

    7.8. La clonación humana.

    7.9. Impacto de los ensayos clínicos.

    7.10. La procreación artificial.

8. Conclusiones.

9. Jurisprudencia.

10. Bibliografía.

> *³ Tú creaste mis entrañas;*
> *me formaste en el vientre de mi madre.*
> *¹⁴ ¡Te alabo porque soy una creación admirable!*
> *¡Tus obras son maravillosas,*
> *y esto lo sé muy bien!*
> *¹⁵ Mis huesos no te fueron desconocidos*
> *cuando en lo más recóndito era yo formado,*
> *cuando en lo más profundo de la tierra*
> *era yo entretejido.*
> *¹⁶ Tus ojos vieron mi cuerpo en gestación:*
> *todo estaba ya escrito en tu libro;*
> *todos mis días se estaban diseñando,*
> *aunque no existía uno solo de ellos.*
>
> *Salmos, 139, 13-16*[1]

---

[1] La Santa Biblia, Nueva Versión Internacional® NVI® Copyright © 1986, 1999, 2015 by Bíblica. https://www.biblegateway.com/passage/?search=Salmos+139&version=NVI

## 1.- Introducción.

Es bastante habitual desayunar por las mañanas, y al ojear la prensa, leer: ¿Es buena idea ser madre a los 40 (y tantos)?; ¿Es ético crear espermatozoides en el laboratorio?; Óvulos vitrificados: La esperanza congelada de veinte mil treintañeras españolas; Reino Unido quiere fertilización in vitro con ADN de terceras personas; Spermot: el dispositivo que da un empujón a los espermatozoides lentos; Nace el primer bebé con tecnología AneVivo; Un niño nace sano gracias a 20 padres científicos... Noticias que tienen que ver tanto con la reproducción humana asistida como con el campo de la biomedicina, desde luego la frase de Susanna Tamaro *"Todos los niños vienen al mundo con un palito en la mano, y allí está todo escrito. Es un sorteo que se produce por encima de ti, antes que tu voluntad y a pesar tuyo"*, es cierta hasta cierto punto, hay niños que no vendrían a este mundo sin estos avances genéticos, o vendríamos a este mundo como ella dice con todo escrito, pero con el avance científico esa historia escrita puede ser modificada.

Han pasado bastantes años desde que en 1978 Louise Brown se convirtiera en la primera bebé probeta del mundo gracias a un proceso experimental, la fertilización in vitro, hoy bastante consolidado y avanzado. Los retos van más allá, la ciencia avanza y las leyes se quedan obsoletas, técnicas que hoy son reconocidas por la legislación, antaño no lo eran, y procedimientos que están en auge en otros países en España aún no son una realidad. Como ejemplo podríamos citar a los llamados "bebés medicamento", fruto de la selección de embriones genéticamente sanos previo a su implantación en el útero materno, permitiendo a los padres de un niño afecto de una determinada enfermedad genética tener un nuevo hijo libre de enfermedad y donante idóneo para la curación de su anterior vástago. Esto se hace posible mediante la técnica de Diagnóstico Genético Preimplantatorio, ofrecida por primera vez en España por el Servicio Andaluz de Salud en 2008 después de la modificación legislativa de 2006. Por supuesto, antes de comenzar con este tipo de tratamientos genéticos es necesario contar con el visto bueno de la Comisión Nacional de Reproducción Asistida, que estudia caso por caso cada patología y las técnicas reproductivas a aplicar. En cuanto a procedimientos que no pueden practicarse en nuestro país con la legislación actual nos referimos a la reproducción asistida con ADN, que permite implantar material genético de los padres al citoplasma del óvulo de una donante (de tal manera que se emplea ADN de tres personas), siendo este procedimiento utilizado en casos muy concretos como las enfermedades mitocondriales. Si bien al inicio la aplicación práctica de los avances científicos genera ciertas reticencias, finalmente acaba aceptándose y legalizándose dado su probado beneficio terapéutico, no sucede lo mismo con otras cuestiones como la maternidad a determinadas edades, la maternidad subrogada, o los trasplantes de útero, donde se plantean conflictos tanto jurídicos como éticos. ¿Hasta qué punto se puede aceptar que una mujer dé a luz a los 67 años en España, tras haberse sometido a un proceso de fecundación in vitro en los Estados Unidos de América, falseando su verdadera edad? Las nuevas técnicas en el campo de la reproducción asistida han posibilitado a numerosas personas a las que biológicamente les estaba vetado por alteraciones genéticas, congénitas o adquiridas ver realizado su deseo de ser padres. Los avances científicos plantean preguntas que dejan en el aire numerosas respuestas, y precisan ser regulados por una normativa actualizada, aunque desafortunadamente la legislación siempre va por detrás de la ciencia. La concepción de nuevas vidas a través de la reproducción asistida nunca ha estado exenta de polémica y objeciones, surgen múltiples dilemas respecto a la paternidad y la maternidad, la elección de sexo, la inscripción del recién nacido, el derecho a la información, los posibles efectos adversos sobre la salud de las personas que se someten a estas técnicas, los embriones... La intención de este trabajo es indagar en los límites éticos y las cuestiones jurídicas que se suscitan a raíz de los avances científicos en el campo de la reproducción asistida y la investigación biomédica y exponer la polémica actual en torno a estos temas analizando la legislación vigente al respecto así como los vacíos no recogidos en el articulado.

## 2.- Un poco de historia.

*"Estamos aprendiendo el lenguaje con el que Dios creó la vida"*
Bill Clinton

Evidentemente no vamos a desgranar las numerosas noticias que han surgido a lo largo de la historia en el campo de la reproducción asistida y de la biomédicina, conforme ha ido avanzando las investigaciones las noticias en este campo han sido más frecuentes, es normal que se produzcan noticias hoy en día, y verlas reproducidas en los medios de comunicación, estos bien sea en prensa escrita, verbal o a través portales de internet tienen secciones dedicadas a la salud y uno puede ojear como la evolución ha dado un salto cualitativo y cuantitativo desde los primeros descubrimientos, así que hagamos una ligera mención a casos significativos, pues de lo contrario podríamos llenar este trabajo solo con citas a los numerosos éxitos médicos.

De los avances por ejemplo en cuanto a la Inseminación artificial, podríamos destacar:

En 1776 el eminente cirujano y venereólogo escocés John Hunter, atendió a un rico comerciante de tejidos, diagnosticado de hipospadia, una malformación de la uretra, éste acudió a él ante la incapacidad de tener descendencia. Hunter le sugirió recoger una muestra de su semen en una jeringa previamente calentada e inyectarla inmediatamente en el útero de su mujer. Tratado de loco, consiguió que el deseo del rico comerciante se cumpliera, ya que su mujer dio a luz a un niño totalmente sano. En aquel momento no se conocían los detalle del ciclo menstrual de la mujer y por ello, los numerosos intentos posteriores al de Hunter resultaron fallidos. El cirujano escocés tuvo la perfecta suerte de inseminar a la mujer del comerciante justo en el momento de la ovulación de ésta.

Años más tarde el italiano Lazzaro Spallanzani realizó la primera inseminación artificial de una perra, lo que derivó en el nacimiento de tres cachorros totalmente sanos 62 días más tarde.

En 1884, William Pancoast realizó la primera inseminación artificial de donante en Filadelfia, la mujer a la que se realizó esta técnica era incapaz de quedar embarazada por la esterilidad de su marido.

Si abordamos la historia de la Fecundación in Vitro destacaríamos que en 1890, el científico británico Walter Heape asistido por el cirujano Samuel Buckley practicaron con éxito una FIV y transferencia de un embrión de una coneja a otra. La investigación tuvo gran repercusión y comenzó a hacerse estudios y practicas con asiduidad.

Fue en 1978 cuando nació Louise Brown, la primera niña concebida in vitro, lo que marco un antes y un después en la medicina reproductiva fueron el ginecólogo Patrick Steptoe y el Nobel de Medicina el fisiólogo Robert Edwars los que unieron sus fuerzas en un proyecto común. Por un lado Edwars había desarrollado una técnica de fetilización de óvulos humanos en laboratorio y por su parte Steptoe había desarrollado un método de extracción de óvulos de los ovarios.[2]

Tras muchos intentos de quedarse embarazada Lesley Brown y su marido recurrieron a estos médicos, que llevaban a cabo investigaciones en laboratorio, sabían que hasta ese momento todo eran todo estudios, y que las posibilidades de éxito eran más bien escasas.

El nacimiento del primero bebe probeta fue todo un hito, pues fue la esperanza para muchos matrimonios, generó reacciones tanto a favor

---

[2] http://elpais.com/diario/1978/08/03/ultima/270943201_850215.html

como en contra, y también apocalípticas.³ Por su parte la Iglesia Católica ya se inclinó en aquella época por la ilicitud de tal procedimiento, reafirmado con el paso de los años por ejemplo en la encíclica *"Los progresos de la técnica hacen posible en la actualidad una procreación sin unión sexual, mediante el encuentro in vitro de células germinales extraídas previamente del varón y de la mujer. Pero lo que es técnicamente posible no es, por esa sola razón, moralmente admisible."* *"la Iglesia es contraria desde el punto de vista moral a la fecundación homóloga "in vitro"; ésta es en sí misma ilícita y contraria a la dignidad de la procreación y de la unión conyugal aun cuando se pusieran todos los medios para evitar la muerte del embrión humano."* ⁴

El 20 de diciembre de 2006, Louise Brown dio a luz en Bristol a su hijo Cameron que había sido concebido en forma natural, así que tanto este nacimiento como otros de niños concebidos por fecundación in vitro demostraron que no generaban trastornos reproductivos en los niños nacidos.

En 1980, en Melbourne (Australia) en el laboratorio de Carl Wood y Alex Lopata después de ocho años de intenso trabajo nació el segundo bebé probeta, esta vez un niño, mientras que en 1981 vio la luz Elizabeth Carr, la primera niña probeta de Estados Unidos.

En el campo de la donación de óvulos y de embriones congelados destaca el año 1984, cuando se logro el primer embarazo logrado mediante donación de óvulos. Desde entonces ha habido una creciente

---

3 http://www.independent.co.uk/life-style/health-and-families/health-news/the-future-of-fertility-869729.html

4 Instrucción Donum Vitae, sobre el respecto de la vida humana naciente y la dignidad de la procreación, Concregación para la Doctrina de la Fe. http://www.vatican.va/roman_curia/congregations/cfaith/documents/rc_con_cfaith_doc_19870222_respect-for-human-life_sp.html

utilización de la donación de óvulos para ayudar a las parejas infértiles a concebir. Fue el Dr. Lutjen quien lograra culminar con éxito el primer embarazo a término en una paciente con fallo ovárico primario a la cual le prepararon el endometrio. Este hito fue de gran importancia dada la posibilidad de que los embriones no utilizados podrían ser conservados para una utilización posterior.

En 1988, nació la técnica SUZI, inserción subzonal de espermatozoides, consistente en inyectar espermatozoides en el espacio perivitelino. Poco después en 1992 se anunció se habían llevado a cabo mediante la técnica ICSI varios embarazos después de ocho ciclos de tratamiento: dos embarazos individuales, uno gemelar, y un aborto preclínico.[5]

En 1992, Marybeth Scheidts y David Levy después de mucho tiempo intentando tener hijos acudieron a una clínica en Pennsylvania, la cual en colaboración con la universidad de Oxford. investigó los embriones y extrajo su información genética. Después de un tratamiento común se obtuvieron 13 embriones, de estos tres tenían el número correcto de cromosomas. Los médicos transfirieron uno de los embriones saludables a Marybeth y congelaron el resto, meses después nació Connor el que sería el primer bebe perfecto gracias a la selección de embriones.[6]

---

[5] http://www.thelancet.com/journals/lancet/article/PII0140-6736(92)92425-F/abstract

[6] https://www.theguardian.com/science/2013/jul/07/ivf-baby-born-genetic-screening

## 3. Fines, causas y distintas técnicas de tratamiento en la reproducción asistida.

*"La herencia depende de una maquinaria soberana y
la vida misma es el resultado del gobierno absoluto del ácido"*
Salvador Dalí

### 3.1. Definición

Los descubrimientos y avances de la medicina han tomado caminos inimaginables, en el área de la reproducción humana. Se han descubierto nuevos métodos o alternativas de reproducción artificial, todo esto con el fin de enfrentar el problema de la infertilidad que afecta a cientos de personas en todo el mundo. Engendrar un hijo después de muerto desafiando las leyes de la naturaleza, hubiera sido impensable años atrás, pero con estas nuevas técnicas de reproducción asistida se ha podido conseguir.

Para realizar un completo estudio del tema en examen, es indispensable analizar los diversos conceptos que engloban las técnicas de reproducción asistida, ya que nos veremos enfrentados a ellos durante el transcurso de esta memoria, y además facilitar la comprensión de la misma. Realizaré una descripción básica y necesaria, sólo a modo complementario, puesto que el tema central es la fecundación post-mortem, que es una de las técnicas de reproducción asistida.

Según Luis Santamaria Solis, "entendemos por técnicas de reproducción asistida (TRA), al conjunto de métodos biomédicos, que conducen a facilitar, o substituir, a los procesos biológicos naturales que se desarrollan durante la procreación humana, como la deposición del semen en la vagina, la progresión de los espermatozoides a través de las vías genitales femeninas, la capacitación del espermatozoide una vez eyaculado, la fertilización del óvulo por el espermatozoide, etc., no es pues adecuado referirse a estas técnicas como métodos de reproducción artificial, ya que no suplantan mediante elementos artificiales o no biológicos al organismo masculino o femenino en la función procreativa, sino que pretenden ayudar o substituir en parte una función generativa deteriorada o inexistente (subfertilidad o infertilidad)".[7]

### 3.2. Finalidad de las técnicas de reproducción asistida.

Según se desprende del Real Decreto 415/1997, de 21 de marzo, por el que se crea la Comisión Nacional de Reproducción Humana Asistida "es la actuación médica ante la esterilidad humana para facilitar la procreación, cuando otros tratamientos se hayan descartado por inadecuados o ineficaces.".[8]

De la lectura de la Ley de reproducción asistida, encontramos distintas finalidades entre ellas la terapeutica y ser un método alternativo a la procreación:

Entendemos por finalidad terapeutica la utilización de cualquier procedimiento conducente a remediar la infertilidad que afecta a las parejas que no han logrado concebir un hijo de manera natural a través del coito, sometiéndolas a una técnica de reproducción asistida. Esta finalidad pierde el sentido cuando son mujeres solas, parejas homosexuales femeninas, casos de parejas en que uno de los dos es infertil y acuden a un tercero para procrear, en estos casos quieren acceder a las técnicas de reproducción, ya que claramente el fundamento de la infertilidad como causa directa se ve afectado, y ya no sólo se

---

[7] Aebioetica.org. Revistas, Técnicas de Reproducción Asistida. Aspectos Bioeticos. Luis Santamaria Solis, Profesor Titular. Facultad de Medicina Universidad Autónoma de Madrid.

[8] http://www.boe.es/diario_boe/txt.php?ide=BOE-A-1997-6157

utilizarían estas técnicas como un procedimiento destinado a superarla sino como un medio alternativo de procreación, nos encontramos pues ante el supuesto de la fertilización asistida como un método alternativo de procreación.

### 3.3. Técnicas de tratamiento.

**3.3.1. Inseminación artificial**, consiste en: "la introducción de esperma directamente en la cavidad uterina mediante un catéter flexible. El semen se obtiene por masturbación, un par de horas antes de la inseminación, afin de prepararlo en el laboratorio para filtrar impurezas y capacitarlo para lograr la máxima capacidad fecundante. La inseminación se hace en período fértil programado con medicamentos. Es un procedimiento ambulatorio no requiere de anestesia y no se indica reposo ni medidas especiales.".[9]

- **IAC**, Cuando los espermatozoides proceden de la pareja.

-**IAD**, cuando proceden de un donante.

**3.3.2. Fecundación In Vitro y transferencia embrionaria (FIV/TE)**, entendemos por FIV "una técnica mediante la cual se consigue que un óvulo y un espermatozoide puedan encontrarse en una placa de cultivo de un laboratorio, cuando esto no se ha logrado por el mecanismo natural.".

- **Fecundación in vitro convencional**: se ponen en contacto los óvulos y los espermatozoides en una placa de cultivo para que tenga lugar la fecundación por si sola.

- **Inyección intracitoplasmática de espermatozoides (ICSI)**, consiste en *"la inyección intracitoplasmática del espermatozoide, es una forma de fertilización in vitro dirigida a parejas infértiles en las que debido a múltiples factores, los*

---

[9] http://www.ferato.com/wiki/index.php/Reproducción_Asistida

*espermatozoides no tienen capacidad de penetrar al interior del ovocito. Cuando esto ocurre, es necesario facilizar la fecundación, inyectando un espermatozoide al interior del ovocito. Esto se realiza usando equipos demagnificación (microscopio invertido) equipados con sistemas hidráulicos que permiten introducir el esperma suavemente, usando una finísima aguja de vidrio. Este procedimiento se realiza en el laboratorio, bajo condiciones ambientales controladas de temperatura, de humedad, concentración de oxígeno, anhídrico carbónico, etc., si ocurre la fecundación y se desarrollan embriones, éstos son transferidos al útero o a la trompa de falopio con el objeto que continúen su multiplicación y desarrollo, hasta adquirir la capacidd de implantarse en el endometrio que es la capa del útero de la mujer".*[10]

3.3.3.- Transferencia intrauterina de gametos (GIFT).

Es un método de reproducción asistida dirigido a parejas infértiles. Su finalidad es que los espermatozoides fecunden óvulos en su sitio natural, la trompa de falopio, como se comprenderá, es requisito indispensable que al menos una trompa esté sana.

3.3.4.- Ovodonación.

Es un "tratamiento utilizado en casos en los que los ovocitos de la mujer no ofrecen la calidad suficiente para conseguir el embarazo, se han agotado o es portadora de una alteración genética o cromosómica."[11]

---

10 http://tratamientosfertilidad.com/Fecundacion-in-vitro.html

11 https://www.bebesymas.com/concepcion/tecnicas-de-reproduccion-asistida-explicamos-cada-una

### 3.4. Técnicas para preservar la fertilidad:

#### 3.4.1.- Diagnostico genetico preimplantacional (DGP).

Es un estudio que detecta y previene la transmisión a la descendencia de enfermedades graves causadas por alteraciones genéticas y cromosómicas en los embriones, antes de su implantación, para lograr que los hijos nazcan libres de enfermedades hereditarias.

#### 3.4.2 Vitrificación de los óvulos.

Es una técnica que permite conservar gametos (ovocitos y espermatozoides) manteniendo toda su viabilidad y capacidad biológica, permitiendo postponer la maternidad con garantias razonables, según el Instituto Valenciano de la infertilidad "*los óvulos maduros conseguidos tras la estimulación ovárica seran criopreservados para usarlos posteriormente cuando la paciente decida con el mismo pronóstico que se tenía en el momento de ser vitrificados. Debido a la ausencia de formación de cristales de hielo, las tasas de supervivencia de los ovocitos son elevadas, permitiendo retrasar la materndad con garantias razonables.*".

#### 3.4.3.- Extracción y congelación de esperma.

Consiste en obtener espermatozoides en las técnicas de reproducción asistida, se pueden utilizar de forma inmediata o proceder a su congelación para ser utilizados en el futuro

#### 3.4.4.- Vitrificación de embriones.

Técnica en auge que permite transferir embriones en un futuro, despues de ser vitrificados tras un proceso de fecundación in vitro.

### 3.5. Otras técnicas o procedimientos, que se recogen en la Ley de reproducción asistida, de 2006:

#### 3.5.1. La maternidad subrogada o de sustitución, no es propiamente una técnica de reproducción artificial, pero se enmarca

dentro de estos procedimientos. Entendemos por maternidad subrogada un contrato celebrado entre partes en el cual una mujer fertil acuerda con o sin contraprestación ser inseminada con el semen de la otra parte contratante, el cual no es su marido/pareja. Ose le implante un embrión formado con el óvulo y el esperma de los contratantes (o en su caso óvulo/esperma de un tercero donante).

Una vez nace el bebe es entregado por la contratada, renunciando a la filiación respecto al recien nacido, desarrollaremos posteriormente este tema.

**3.5.2.- Fecundación post-mortem**, tampoco es una técnica de reproducción asistida pero lo enmarcamos dentro de estos procedimientos ya que como la maternidad subrogada se regula en nuestra ley, consiste en la fecundación post-mortem de la mujer/pareja, más adelante desarrollaremos también esta cuestión.

## 4. La Ley 14/2006, de 26 de mayo, sobre técnicas de reproducción humana asistida.

> *"O wonder!*
> *How many goodly creatures are there here!*
> *How beauteous mankind is! O brave new world,*
> *That has such people in't."*
> Brave New World. Aldous Huxley

El estado Español inició la regulación de la reproducción humana asistida, con la Ley 35/1988, de 22 de noviembre, sobre técnicas de reproducción humana asistida, que se ha ido actualizando debido a los avances científicos y clínicos que se han ido produciendo a lo largo de los años posteriores.

Esta ley se caracterizó por su permisibilidad y bastante avanzada para la época, incluía entre sus preceptos una lista cerrada de tratamientos de reproducción asistida y aunque no se manifestaba expresamente, estas técnicas se aplicaban tanto a mujeres casadas o no, e independientemente de su orientación sexual.

Otras caracteristicas es que ya regulaban la fecundación post-mortem aunque con un plazo inferior al actual, prohibían la maternidad subrogada y la clonación reproductiva, así como que permitían la técnica de diagnostico genético preimplantatorio en beneficio del embrión con una interpretación restrictiva, a diferencia de la actual ley.

Especificaba en el tiempo de criopreservación del semen a 5 años, mientras que no autorizaba, sino se garantizaba su viabilidad tras la descongelación, la crioconservación de óvulos, por su parte regulaba la criopreservación de embriones sobrantes de una fecundación in vitro como tiempo máximo a 5 años, las parejas podrían optar entre cuatro posibles destino de los embriones sobrantes.

Posteriormente con la llegada de un nuevo gobierno, se aprobó la Ley 45/2003, de 21 de noviembre, por la que se modifica la Ley 35/1988, de 22 de noviembre, sobre Técnicas de Reproducción Asistida, muy restrictiva respeco a su antecesora, entre sus elementos más sobresalientes figuraba la limitación de embriones a transferir por ciclo a 3; La criopreservación del semen se ampliaba a toda la vida del varón, y regulaba la criopreservación del óvulo siempre que se comprobara su seguridad y eficacia. Permitía la conservación de embriones durante la vida fertil de la mujer.

Permitía la donación de óvulos, y prohibía la clonación reproductiva así como la maternidad subrogada, la selección de sexo excepto para evitar enfermedades legada al sexo; matenía lo regulado en cuanto al diagnostico previo implantatorio y la mortalidad post-mortem en cuanto al tiempo de uso de material reproductivo del marido o pareja.

Actualmente, la ley vigente es la 14/2006, de 26 de mayo, sobre Técnicas de Reproducción Humana Asistida, esta norma tiene como objeto regular la aplicación de las técnica de reproducción humana asistida que han sido probadas por la ciencia e indicadas clinicamente, regula la aplicación de las técnicas de reproducción humana asistida em el tratamiento de enfermedades de origen genético y los estudios de prevención, y también regula a los supuestos requisitos de utilización de gametos y preembriones crioconservados.

Puntos destacados de la nueva Ley:

- Se prohibe la clonación de seres humanos con fines reproductivos.

- Se posibilita la investigación con preembriones sobrantes, suprimiento así la limitación establecida en la ley anterior.

- Se elimina la limitación del número de ovocitos a fecundar en cada ciclo reproductivo.

- Crea un registro nacional de donantes y de un registro de actividades de los centros de reproducción asistida.

- Se autoriza en casos excepcionales el diagnóstico preimplantacional con fines terapéuticos para terceros, lo cual se requerirá la autorización expresa, caso a caso, de la autoridad sanitaria correspondiente y el informe favorable de la Comisión de Reproducción Asistida, que evaluará cada caso estableciendo las garantías máximas éticas.

- Se refuerza el papel de la Comisión Nacional de Reproducción Asistida, a cuyo informe deberán someterse cuantas innovaciones técnicas se pretendan plantear.

- Sigue el mismo planteamiento en cuanto a la fecundación postmortem, sólo se permitirá a una mujer tener un hijo de su marido muerto si los espermatozoides de éste estaban ya en el útero materno antes del fallecimiento, o que el hombre dé su consentimiento por escrito antes de su muerte.

- Los contratos de maternidad subrogada son nulos de pleno derecho.

— Las técnicas de RHA forman parte de la cartera de servicios del Sistema Nacional de Salud y están reguladas por el Real Decreto 1030/2006[12], de 15 de septiembre, que establece los derechos de los servicios comunes del Sistema Nacional del Salud en su artículo 5.3.8 establece que *"los tratamientos de reproducción humana asistida (RHA) se realizaran con fin terapéutico o preventivo y en determinadas situaciones especiales"* y tendrán como finalidad *"ayudar a lograr la gestación en aquellas personas con imposibilidad de conseguirlo de forma natural, no susceptibles a tratamientos exclusivamente farmacológicos, o tras el fracaso de los mismos. También se podrá*

---

12 Http://www.msc.es/profesionales/prestacionesSanitarias/CarteraDeServicios/docs/RD_1030_2006_act08072015.pdf

*recurrir a estos procedimientos a fin de evitar enfermedades o trastrornos genéticos graves en la descendencia y cuando se precise de un embrión con características inmunológicas idénticas a las de un hermano afecto de un proceso patológico grave, que no sea susceptible de otro recurso terapéutico"* de acuerdo con los criterios generales establecidas en el artículo 5.3.8.2, y a los criterios especificos de cada técnica, como generales se establecen:

1. Se aplicará a personas que cumplan determinados criterios o situaciones como pueden ser que las muejres sean mayores de 18 años y menores de 40, y en los hombres se fija la misma edad minima y máxima estableciendola en los 55, que no tengan previamente hijos sanos, y que la mujer no presente ninguna patología incompatible con el embarazo.
2. Se excluye de los tratamientos de reproducción a las personas con una estirilización voluntaria previa y existencia de contraindicaciones médicas para su tratamiento; que existan contraindicaciones para la gestación, que puedan incumplir el tratamiento por motivos de salud, familiares o sociales; y otras circunstancias que puedan interferir en el desarrollo del tratamiento.
3. Cuando se emplean gametos o preembriones, el donante deberá estar correctamente inscrito en el registro nacional de donantes.

Se establecen criterios especificos para:

- Inseminación artificial.
- Fecundación in vitro: Se incluyen la fecundación in vitro convencional o mediante

técnicas de micromanipulación , y las técnicas de tratamiento y conservación de gametos y preembriones derivados de las mismas.

- Criopreservación de preembriones.
- Criopreservación de gametos o preembriones para uso propio diferido para preservar la fertilidad en situaciones asociadas a procesos patolócios especiales.
- Técnicas de lavado seminal para prevenir la transmisión de enfermedades virales crónicas.
- Diagnóstico genético preimplantacional (DGP).

La Orden SSI/2065/2014, de 31 de octubre, por la que se modifican los anexos I, II y III del Real Decreto 1030/2006, de 15 de septiembre, por el que se establece la cartera de servicios comunes del Sistema Nacional de Salud y el procedimiento para su actualización, modifica el anexo III, y da una nueva redacción al apartado 5.3.8. de dicho anexo, incorporando, a la finalidad de que la reproducción asistida se contempla para los casos en que haya un diagnóstico de esterilidad o una indicación clínica establecida, "*La propuesta del grupo de expertos, clarificando los criterios para la indicación de las técnicas de reproducción humana asistida en el marco del Sistema Nacional de Salud, y actualiza las técnicas de acuerdo a la evidencia disponible.*".[13]

El hecho de tener descendencia y poder decidir en que momento de la vida tenerlo es una de las decisiones más intimas y personales a la que las personas se enfrentan en su vida. Esta decisión constituye una

---
13 http://www.msc.es/profesionales/prestacionesSanitarias/CarteraDeServicios/docs/OM_SSI_2065_2014.pdf

parte de la determinación propia e individual en la que poderes públicos no pueden inferir en este tipo de decisiones; pero, también, se establecerán las condiciones por las que se adopten de forma responsable y en libertad, poniendo al alcance de quienes lo necesiten servicios de atención sanitaria, asesorando e informando.

De acuerdo con esta normativa, en Cataluña se desarrolló en el año 2011, por parte del departamento de salud, un protocolo de estudio y tratamiento de la esterilidad, permitiendo el acceso a las técnicas de RHA a todas las mujeres, independientemente de la tenencia o no de pareja, y de si la pareja es masculina o femenina. Además, también se incorporaron elementos que mejoraban el protocolo de las técnicas de reproducción humana asistida, la accesibilidad territorial a las mismas, etc.

Como bien afirma el profesor Manuel Atienza en la discusión entre los pro y los contra de la Ley, en base a *"tres tipos de conducta que la ley autoriza y que algunos consideran debería prohibir: 1) fecundar más de tres ovocitos en cada ciclo (superando el limite que había puesto la anterior ley de 2003 que modificaba la de 1988); 2) Efectuar diagnósticos preimplantacionales con fines terapéuticos para terceros (el llamado "bebé-medicamento"); 3) investigar con preembriones sobrantes de tratamientos de infertilidad (con las células madre que se extraen de ellos) con ciertos requisitos, el más importante de los cuales es que sea antes del día 14 de desarrollo del embrión (esta última es, precisamente, la definición que la ley da de "preembrión")"*. Y también afirma este profesor que en un plano inferior tiene que ver "con dos tipos de conducta que la ley prohibe (o pretende evitar) y que algunos consideran debería permtir; 4) La elección del sexo del futuro bebé; y 5) La gestación por sustitución (las "madres de alquiler"). [14]

La discusión en torno a la reproducción asistida humana está trufada por la política y por la religión, las posiciones están fuertemente contaminadas según la tendencia social o religiosa de quien vierte la oponión, así lo vemos en las siguientes declaraciones:

Posiciones a favor de la Ley de Reproducción Asistida:

Entre las posiciones a favor, claro, no podría faltar la de la ministra de sanidad de la epoca, Elena Salgado en febrero de 2006, que se debatía el dictámen de la comisión sobre iniciativas legislativas. En primer lugar, proyecto de Ley sobre Técnicas de Reproducción Humana Asistida *"es la repuesta a una demanda social que ha ido aumentando a medida que evolucionaban las técnicas de reproducción humana asistida."* que se *"gestó, además, con el propósito de lograr una normativa perdurable que no necesitará modificaciones constantes aunque el proyecto científico en este campo no se detuviera. Por tanto, la ley abrirá puertas a nuevas técnicas que ya son realidad, y a las que en el futuro puedan aparecer, a nuevas posibilidades de aplicación y a la investigación que de todo ello se derive, eliminará trabas y limitaciones existentes hasta el momento pero siguiendo siempre criterios éticos, científicos y de salud pública."*.

En esa línea la ministra argumentaba: "también anuncié que elaboraríamos una nueva ley sobre técnicas de reproducción asistida para dar respuestas a las necesidades actuales, a las nuevas posibilidades técnicas, ya las nuevas demandas sociales desde la reflexión, y el dialogo, buscando el beneficio para los pacientes y el más amplio

---

14 Revista Bioética y Derecho. Artículo sobre la nueva Ley de Reproducción Humana Asistida.

consenso político y social, y teniendo en cuenta siempre las recomendaciones de los expertos en esta materia. Al igual que la Ley de 1988, el objetivo principal de esta norma es facilitar al máximo que parejas con problemas de fertilidad o mujeres solas puedan tener hijos biológicos, pero, además, regula con mayor profundidad y ampliando su ámbito la aplicación de las técnicas para la prevención y tratamiento de enfermedades que, hoy por hoy, son todavía incurables.[15]

El portavoz de sanidad del grupo socialista Alberto Hidalgo, se posicionó de esta manera: *"Este proyecto de ley constituye el cumplimiento de un importante compromiso del Gobierno ante las demandas de los ciudadanos, que llevan tiempo reclamando la modificación de la ley actualmente en vigor -Ley 45/2003, aprobada por el anterior Gobierno del Partido Popular-, que resulta muy restrictiva. La norma servirá para facilitar al máximo que las parejas con problemas de fertilidad puedan tener hijos y para aplicar estas técnicas a la prevención y el tratamiento de enfermedades. Su regulación incrementa la calidad y la seguridad de los procesos, y ofrece una mayor y mejor información a los ciudadanos."*[16]

### Posiciones en Contra de la Ley de Reproducción Asistida:

*El portavoz del Partido Popular en esta materia, Mario Mingo, manifestó que "el nuevo texto no incorpora medidas para mejorar la salud de la mujer sino todo lo contrario, pues permite estimulaciones hormonales inadecuadas en los procedimientos de fecundación in vitro,*

---

15 Elena Salgado, Ministra de Sanidad, 16 de febrero de 2006, Diario de Sesiones del Congreso.
Http://www.congreso.es/public_oficiales/L8/CONG/DS/PL/PL_151.PDF.

16 Revista Escritura Pública, núm. 28, Debate Parlamentario, www.notariado.org

*y no hay medidas para reducir el tiempo de demorar que las futuras madres deben esperar para someterse a este tratamiento específico.*

*Tampoco aporta novedades en la investigación con células madre embrionarias, y olvida ese amplio campo de experimentación que representan las células madre procedentes de la placenta y cordón umbilical, sobre los que los investigadores están obteniendo prometedores resultados en el tratamiento de distintas enfermedades."[17]*

Por su parte Juan Moya, Doctor en medicina y en derecho canónico, opina que *" los ecos que a algunos menos informados les llegan son los "propagandísticos", con los que se pretende presentar esta Ley como la avanzadilla de la ciencia, y la panacea para curar enfermedades congénitas.*

*Al margen de los graves reparos éticos que comentaremos, ese "ropaje" con el que se reviste no responde a la realidad: la ciencia no necesita recurrir a estos procedimientos para investigar, ni hoy por hoy la terapia génica o genética es posible. Los que sí saldrán ganando son determinados laboratorios para investigar, clínicas privadas y laboratorios, que incrementarán sus "bancos" de embriones y verán abierta la posibilidad de comercializar con ellos, es decir, con vidas humanas aunque sea en fase embrionaria."[18]*

Posiciones ya mucho más extremas serían las de Juan Antonio Reig Plá, ene 2006, era Presidente de la Subcomisión Episcopal de Familia y Vida, *"Todos ellos saben que, a pesar de ciertas apariencias y de los éxitos técnicos conseguidos, la producción de seres humanos en los laboratorios es una práctica que choca con la dignidad de las*

---

17 Revista Escritura Pública, núm. 28, Debate Parlamentario, www.notariado.org

18 http://es.catholic.net/op/articulos/14421/cat/263/la-ley-espanola-de-reproduccion-asistida.html

*personas y que trae consigo numerosos abusos y atentados contra las vidas humanas incipientes, es decir, contra los hijos.", y se pronunciaba así respecto a cuestiones de fondo del proyecto de ley de reproducción humana asistida: "1) Permite la "producción" de seres humanos; 2) Facilita las conductas homicidas; 3) Determina arbitrariamente quien merece ser considerado persona y quien no; 4) Manipula el lenguaje para manipular las conciencias y el derecho; 5) Constituye a algunos en dueños de la vida y de la muerte; 6) Introduce el peligroso precedente de que el fin justifica los medios; 7) No excluye toda la clonación humana; 8) Permite la injusticia de que a los hijos se les niegue deliberadamente la posibilidad de conocer a su madre, y con más frecuencia a su padre, facilitando por esta razón, que se den relaciones sexuales incestuosas; 9) Hace posible con toda naturalidad el "bioadulterio" y el "incesto genético"; 10) Este proyecto de ley, afectado por una especie de "sindrome de Frankenstein", autoriza la producción de "quimeras" medio-animal/medio-hombre".*[19]

---

[19] Juan Antonio Reig Pla, 17 de febrero de 2006 cuando era presidente de la Subcomisión Episcopal de familia y vida, https://www.aciprensa.com/vida/medio-hombre.

## 5. La Ley 14/2007, de 3 de julio, de investigación biomédica.

*"¿Y si tiene mi apariencia física y tu cerebro?"*
Bernard Shaw a Isadora Duncan

Esta ley constituye una importante herramienta jurídica para facilitar la promoción de la investigación científica busca garantizar que dicha investigación, se lleve a cabo siempre con respeto a los derechos fundamentales y libertades públicas de las personas y de ciertos bienes jurídicos que pueden verse implicados en la investigación.

Regular con respeto a la persona "la investigación biomédica y, en particular:

a) Las investigaciones relacionadas con la salud humana que impliquen procedimientos invasivos.

b) La donación y utilización de ovocitos, espermatozoides, preembriones, embriones y fetos humanos o de sus células, tejidos u órganos con fines de investigación biomédica y sus posibles aplicaciones clínicas.

c) El tratamiento de muestras biológicas. d) El almacenamiento y movimiento de muestras biológicas.

e) Los biobancos. 28830 Miércoles 4 julio 2007 BOE núm. 159

f) El Comité de Bioética de España y los demás órganos con competencias en materia de investigación biomédica.

g) Los mecanismos de fomento y promoción, planificación, evaluación y coordinación de la investigación biomédica."

La realización de cualquier actividad biomédica esta sometida a las siguientes garantías:

a) Asegurar la protección de la dignidad e identidad del ser humano, garantizando "a toda persona, sin discriminación alguna, el respeto a la integridad y a sus demás derechos y libertades fundamentales."

b) Prevalece la salud, el interés y el bienestar por encima de la sociedad, del estado.

c) Las investigaciones se realizan en el marco del respeto a los derechos y libertades fundamentales

d) "La autorización y desarrollo de cualquier proyecto de investigación sobre seres humanos o su material biológico requerirá el previo y preceptivo informe favorable del Comité de Ética de la Investigación."

f) "La investigación se desarrollará de acuerdo con el principio de precaución para prevenir y evitar riesgos para la vida y la salud."

g) La investigación deberá ser objeto de evaluación.

Resumiendo esta ley se regula el derecho a la información de la persona, como base esencial del correcto ejercicio de la autonomía del individuo en el contexto de salud, destacando sobre todo el hecho de que hay que retomar la relación personal, individualizada y esencialmente verbal con el paciente, huyendo de la burocratización excesiva. Asimismo, hay que prestar atención a la presencia y la consideración necesarias de la figura del representante designado por el paciente, como prolongación del ejercicio de la su autonomía propia.

Respecto al derecho a la intimidad de la persona, concebida como un derecho que mucho más allá de la protección de sus datos personales y que tiene que ver con todo lo que hace referencia al trato que debe recibir de los profesionales, sus preferencias en relación con la privacidad, etc.

Ejercicio de la autonomía por parte de la persona, procurando evitar que la figura del "consentimiento informado" se asocie sólo y exclusivamente a la firma de un documento escrito, y de defensa del profesional, remarcando que debe quedar previsto sólo para situaciones concretas y de manera más restrictiva. Reflexión especial sobre la figura del "menor maduro", sobre la que ya ha trabajado también anteriormente el CBC, revisando aquellos puntos que dificultan la aplicación práctica por parte de los profesionales.

Necesidad de explicitar una de las manifestaciones posibles de la autonomía de la persona, tales como el rechazo al tratamiento, que genera muchas dificultades prácticas de aceptación por parte de los profesionales y que a menudo representan la vulneración de la voluntad de la persona.

Repensar la cuestión de las voluntades anticipadas, después de la experiencia de estos años, revisando los puntos de conflicto que se pueden rectificar.

Así como que replantear aspectos relacionados con la historia clínica, las clases de acceso y los usos, procurando citar los aspectos problemáticos cuya regulación se podría mejorar.

Contenidos polémicos

1.- La inclusión de un catálogo de definiciones legales, en particular algunas de ellas, como, por ejemplo, preembrión, embrión y feto (art. 3). De todos modos, una buena parte de las definiciones que contempla la LIB viene recogida en definiciones de instrumentos jurídicos de carácter internacional supranacional, lo que en principio les otorga una mayor fiabilidad.

2.- La autorización de la activación de ovocitos mediante transferencia nuclear —o clonación terapéutica— y otras técnicas de reprogramación celular para la obtención de células troncales.

3.- La inclusión en la ley de los análisis genéticos con fines diagnósticos de carácter asistencial, al entender algunos que es materia competencia de las Comunidades Autónomas.

4.- El establecimiento de numerosos requisitos y exigencias de procedimientos, que alarga todo el proyecto de investigación, aunque "buena parte de los requisitos, procedimientos y controles que establece explícitamente la LIB responden a la vocación decididamente garantista de ésta, proclamada sin titubeos en el comienzo de su articulado, lo que en ocasiones só´lo puede lograr su efectividad por vı´as indirectas, como pueden ser las establecidas, precisamente, sobre requisitos, procedimientos y controles ."[20]

---

20 Carlos M. Romeo Casabona. Revista Medicina Clínica. Ley de Investigación Biomédica: un nuevo y completo mapa para la investigación científica en biomedicina.

## 6. Otra normativa.

> *"Creo que la ética y la moral de la ingeniería genética son muy complicadas. Esto me intriga."*
> Roger Spottiswoode

### 6.1. Convenio de Oviedo.

A nivel europeo, la investigación biomédica se rige por dos instrumentos:

1.-Directiva 2001/20 / CE4 del Parlamento Del Consejo, de 4 de abril de 2001, de buenas prácticas en la realización de ensayos clínicos de medicamentos de uso humano. establece las disposiciones a seguir por los estados miembros para la aplicación de buenas prácticas clínicas en la realización de ensayos clínicos de medicamentos de uso humano.

2.- La Convención sobre los Derechos Biomédicina (Convenio de Oviedo) y su Protocolo adicional.

Tanto el Convenio de Oviedo como su Protocolo Adicional relativo a la Investigación Biomédica fueron elaborados en el seno del Consejo de Europa por el Comité Directivo de Bioética, y constituyen un tratado cuyas disposiciones son jurídicamente vinculantes en los países que las han ratificado. El convenio preveía que se incorporasen a los ordenamientos jurídicos de los firmantes, unos principios en el campo de la salud para que se aplicaran a los proyectos de investigación en el ser humano.

El documento se firmó en Oviedo el 4 de abril de 1997, y posteriormente ratificado por unanimidad, en la Sesión Plenaria del Congreso de los Diputados celebrado el 29 de abril de 1999 y publicado en el Boletín Oficial del Estado del 20 de octubre de 1999. Entró en vigor en España el 1 de enero del 2000.

El "Convenio para la Protección de los Derechos Humanos y la Dignidad del Ser Humano con respecto a las aplicaciones de la biología y la medicina" esta estructurado en XIV capítulos y en 38 artículos.

El preámbulo del convenio es indicativo de la repercusión de la biología y la medicina y la necesidad de respetar al ser humano y de la creciente preocupación existente en los estados, "*Conscientes de los rápidos avances de la biología y la medicina. Convencidos de la necesidad de respetar al ser humano a la vez como persona y como perteneciente a la especie humana y reconociendo la importancia de garantizar su dignidad. Conscientes de las acciones que podrían poner en peligro la dignidad humana mediante una práctica inadecuada de la biología y la medicina. Afirmando que los progresos en la biología y la medicina deben ser aprovechados en favor de las generaciones presentes y futuras. Subrayando la necesidad de una cooperación internacional para que toda la Humanidad pueda beneficiarse de las aportaciones de la biología y la medicina. Reconociendo la importancia de promover un debate público sobre las cuestiones planteadas por la aplicación de la biología y la medicina y las respuestas que deba darse a las mismas. Deseosos de recordar a cada miembro del cuerpo social sus derechos y sus responsabilidades. Tomando en consideración los trabajos de la Asamblea Parlamentaria en este ámbito, comprendida en la Recomendación 1160(1991) sobre la elaboración de un convenio de bioética. Decididos a adoptar las medidas adecuadas, en el ámbito de las aplicaciones de la biología y la medicina para garantizar la dignidad del ser humano y los derechos y libertades fundamentales de la persona. Han convenido en lo siguiente..*"[21]

---

21 https://www.boe.es/buscar/doc.php?id=BOE-A-1999-20638

En relación con la investigación científica se establece una norma general en su artículo 15, el cual establece que *"la investigación científica en el ámbito de la biología y la medicina se efectuará libremente",* asimismo seguidamente el articulo 16 nos habla de la protección de las personas que se prestan a un experimento define claramente que *"no se podrá hacerse ningún experimento con una persona, a menos que se den las siguientes condiciones:*

*a) Que no exista un método alternativo al experimento con seres humanos de eficacia comparable.*

*b) Que los riesgos en que pueda incurrir la persona no sean desproporcionados con respecto a los beneficios potenciales del experimento.*

*c) Que el proyecto de experimento haya sido aprobado por la autoridad competente después de haber efectuado un estudio independiente acerca de su pertinencia científica, comprendida una evaluación de la importancia del objeto del experimento, así como un estudio multidisciplinar de su aceptabilidad en el plano ético.*

*d) Que la persona que se preste a un experimento esté informada de sus derechos y las garantías que la ley prevé para su protección.*

*e) Que el consentimiento a que se refiere el artículo 5 se haya otorgado expresa y específicamente y esté otorgado por escrito. Este consentimiento podrá ser libremente retirad en cualquier momento."*[22]

### 6.2. Convenio de Helsinki.

Otras fuentes de orientación ética seria la Declaración de la Asociación Médica de Helsinki que es un conjunto de premisas éticas para la investigación médica en seres humanos, estableciendo en su punto numero 6, lo que son los propósitos de la investigación médica *"es*

---

22 https://www.boe.es/buscar/doc.php?id=BOE-A-1999-20638

*comprender las causas, evolución y efectos de las enfermedades y mejorar las intervenciones preventivas, diagnósticas y terapéuticas (métodos, procedimientos y tratamientos). Incluso, las mejores intervenciones probadas deben ser evaluadas continuamente a través de la investigación para que sean seguras, eficaces, efectivas, accesibles y de calidad."*[23]

Este convenio establece una serie de principios:

1.- Básicos para toda investigación médica.

2.- Respecto a cuando la investigación médica se combina con la atención médica.

Esta declaración lo que establece es un principio básico que es el respeto por el individuo y su derecho a la toma de decisiones.

---

23 http://www.wma.net/es/30publications/10policies/b3/

## 7. Aspectos jurídicos y éticos sobre diversos aspectos de la Ley 14/2006, de 2006 de mayo, sobre técnicas de reproducción humana asistida y de la Ley 14/2007, de 3 de julio, de investigación biomédica.

> *"Una gallina es el medio que usa un huevo para hacer otro huevo"*
> Samuel Butler

### 7.1. Maternidad subrogada.

Viene regulada también en nuestra Ley, la maternidad subrogada sería aquella en la que intervienen dos partes, por un lado una familia (entendiendo por familia todos los supuestos como pueden ser pareja heterosexual, parejas homosexuales hombres o mujeres) que deciden contratar a una mujer como gestante (segunda parte), esta se obliga de manera voluntaria a llevar a termino un embarazo con el embrión proporcionado bien mediante IA mediante FIV, el material reproductor bien puede ser de los dos, de uno de ellos y donante, o de donantes, pudiendo existir en la misma contraprestación o no.

Veamos una definición jurídica: *"La gestación por sustitución o maternidad subrogada es un acuerdo de voluntades en virtud del que una mujer acepta portar en su vientre un niño por encargo de otra persona o de una pareja, con el compromiso de que, una vez llevado a término el embarazo, entregará a aquélla o a aquéllos/as el recién nacido, renunciando a la filiación que pudiera corresponderle sobre el hijo así gestado."*[24]

---

[24] María Luisa Bayarri Martí, Maternidad por subrogación. Su reconocimiento en España. 2015 http://noticias.juridicas.com/conocimiento/articulos-doctrinales/10338-maternidad-por-subrogacion-su-reconocimiento-en-espana/

La maternidad subrogada viene regulada en el artículo 10 de la Ley sobre Técnicas de Reproducción Humana Asistida, en los siguientes términos:

*"1. Será **nulo de pleno derecho** el contrato por el que se convenga la gestación, con o sin precio, a cargo de una mujer que renuncia a la filiación materna a favor del contratante o de un tercero.*

*2. La filiación de los hijos nacidos por gestación de sustitución **será determinada por el parto**.*

*3. Queda a salvo la posible acción de reclamación de la paternidad respecto del padre biológico, conforme a las reglas generales"*

Discusiones jurídicas van en dos dirección una el carácter que tiene esta norma y una segunda dirección que es la filiación.

Respecto al carácter de la norma una parte de la doctrina se refiere a ella como una norma imperativa del derecho internacional español, dado que considerarla de otra manera es abrir el camino al fraude de ley, es decir, si la maternidad subrogada es nula en nuestro país pero esta permitida en terceros, no considerar la norma imperativa, abre la posibilidad de una gestación por sustitución en estos países con legislación permisiva, otros opinan que urge una nueva regulación de la maternidad subrogada para recoger todos aquellos casos que quedan en un limbo jurídico, que se han dado fuera de nuestro país y que afectan a ciudadanos de nuestro país, y que visto la resolución de La Dirección General de los Registros y del Notariado, de fecha, de 18 de febrero de 2009, niega la presencia de un fraude de ley, sosteniendo que los particulares no utilizaron *"una norma de conflicto ni tampoco cualquier otra norma con el fin de eludir una ley imperativa española"[25]*, así lo entiende parte de los expertos en este tema *"no hay fraude al "punto de conexión" de la norma de conflicto. No cambian artificialmente su domicilio o nacionalidad, al no ser necesario a tenor de la legislación californiana"* [26] a raíz de un nacimiento por gestión subrogada en California (EEUU).

De esta primera cuestión, surge la segunda ¿que tratamiento se les da a los nacidos en el extranjero por gestación subrogada en cuestión de filiación dado que nuestro derecho como hemos expresado anteriormente califica la maternidad subrogada nula de pleno derecho?

Podemos explicar la situación en España a través del proceso jurídico de dos padres (homosexuales) que utilizaron la técnica de gestación por subrogación en California, aceptada en primera instancia la inscripción del menor por parte de la Dirección General del Registro y Notariado. Desestimación, recurrida por el fiscal ya que consideraba que en la certificación presentada por los interesados figuraban como padre una pareja del mismo sexo, por lo que se ponía en duda la realidad del hecho inscrito en base a lo recogido en el artículo 23 de la Ley del Registro Civil.

Por el Juzgado de Primera Instancia número 15 de Valencia, en 2010, se dictó Sentencia cuya parte dispositiva estimaba la demanda interpuesta por el ministerio fiscal contra la resolución de la DGRN de fecha 18 de febrero de 2009 y dejaba sin efecto la inscripción de

---

25 http://portaljuridico.lexnova.es/doctrinaadministrativa/JURIDICO/50165/resolucion-dgrn-de-18-de-febrero-de-2009-inscripcion-de-nacimiento-acaecido-en-california-por-m

26 Ana Quiñonez Escamez, Doble filiación paterna de gemelos nacidos en el extranjero mediante maternidad subrogada.
http://www.raco.cat/index.php/InDret/article/viewFile/138044/188689

nacimiento por ella realizada en el Registro civil Consular de los menores Ángel Daniel y Arturo con las menciones de filiación de la que resulta que eran hijos de una pareja homosexual.[27]

Confirmada por el Pleno del Tribunal Supremo de fecha 15 de enero de 2014[28], si bien cuatro de los nueve Magistrados que lo componen emitieron un voto particular favorable a la inscripción "En consecuencia, no resulta aplicable el artículo 10 de la Ley 14/2006, puesto que la filiación ya ha sido determinada por una autoridad extranjera (" *decisión de autoridad* "), con lo que el problema se trasladaría a resolver si esta *decisión* contraría o no el orden público internacional" y "A los niños, de nacionalidad española, se les coloca en un limbo jurídico incierto en cuanto a la solución del conflicto y a la respuesta que pueda darse en un supuesto en el que están implicados unos niños que siguen creciendo y creando vínculos afectivos y familiares irreversibles."[29]

El Tribunal Europeo de los Derechos Humanos dictó sentencia el 26 de junio de 2014 en la que declara que se violaba el artículo 8 del Convenio Europeo de los Derechos Humanos el no reconocer la relación de filiación entre los niños nacidos mediante vientre de alquiler y los progenitores que han acudido a este método reproductivo, apelando al interés superior del menor.

---

27 http://blogs.ua.es/espanyadoxa/files/2012/05/Sentencia-audiencia-de-Valencia-inscripci%C3%B3n-hijo-maternidad-subrogada.pdf

28 http://www.poderjudicial.es/cgpj/es/Poder-Judicial/Tribunal-Supremo/Noticias-Judiciales/El-Supremo-deniega-la-inscripcion-de-la-filiacion-de-dos-ninos-gestados-en-California-a-traves-de-un-contrato-de-alquiler

29 http://www.poderjudicial.es/cgpj/es/Poder-Judicial/Tribunal-Supremo/Noticias-Judiciales/El-Supremo-deniega-la-inscripcion-de-la-filiacion-de-dos-ninos-gestados-en-California-a-traves-de-un-contrato-de-alquiler

El Tribunal Supremo, en su Sala de lo Social dictó Sentencia, número 953/16[30], mediante dos sentencias modifica su criterio, una de ellas la citada en el caso de trabajadora que tiene un hijo en virtud de un contrato de gestación por sustitución, hijo que consta escrito en el Registro del Consulado de España en Los Ángeles, figurando la actora como madre y su pareja varón como padre, *"Se estima el recurso y se concede la prestación de maternidad solicitada. Se fundamenta la sentencia en la interpretación integradora de las normas aplicadas contempladas a la luz de la sentencia del TEDH de 26 de junio de 2014 , en la aplicación que efectúa del artículo 8 del Convenio Europeo para la protección de los Derechos Humanos y las Libertades Fundamentales, que invoca el interés superior del menor cuyo respeto ha de guiar cualquier decisión que les afecte, de los artículos 14 y 39.2 de la Constitución , disponiendo este último que os poderes públicos aseguran la protección integral de los hijos (...) Pero de acuerdo con la jurisprudencia de este Tribunal y del Tribunal Europeo de Derechos Humanos, si tal núcleo familiar existe actualmente, si los menores tienen relaciones familiares "de facto" con los recurrentes, la solución que haya de buscarse tanto por los recurrentes como por las autoridades públicas que intervengan, habría de partir de este dato y permitir el desarrollo y la protección de estos vínculos."*

Visto lo cual esta Sentencia nos retrotrae a la instrucción de 7 de octubre de 2010[31], de la Dirección General de los Registros y del Notariado sobre el régimen registral de la filiación de los nacidos mediante gestación por sustitución, que permitía y permite, la inscripción

---

30 http://www.poderjudicial.es/stfls/TRIBUNAL%20SUPREMO/DOCUMENTOS%20DE%20INTER%C3%89S/TS%20Social%2016%20noviembre%202016.pdf.

si se aporta una resolución judicial que determine la filiación dictada en el país donde ha nacido el menor. La cuestión radica que esta resolución no da respuesta a todos los casos, ¿que pasa con los países, que no emitan dichas resoluciones?, esos bebes siguen estando en el limbo jurídico.

Últimamente el tema de la maternidad subrogada está mas en boca de los políticos a raiz de una iniciativa del partido político[32] Ciudadanos que pretende dar soluciones a esta cuestión, que si bien no afecta a un gran numero de personas, si es un tema que genera inseguridad jurídica como hemos visto a las familias que optan por tener un niño fuera de nuestro país ya que en nuestro país están considerados estos contratos como nulos. Este mismo partido ya presentó en el Congreso una iniciativa respecto a esta materia por la que instaba *"a tomar medidas para garantizar el derecho de las madres y padres de hijos nacidos mediante los llamados vientres de alquiler acceden a las prestaciones de maternidad y paternidad"*.

El debate a parte del meramente jurídico es si esta técnica debe ser regulada en otro sentido al que establece la Ley y como todos los debates, este tiene posiciones encontradas, similares a las que podríamos encontrar en temas como el aborto, la prostitución etc.

Escuchando el debate entre dos conocidos liberales, en el programa de "Es la Tarde de Dieter", en Esradio[33] podemos hacernos una idea de las ideas opuestas, pues lo mismo sucede en el campo de la

---

31. http://www.mjusticia.gob.es/cs/Satellite/Portal/1292338996904?blobheader=application%2Fpdf&blobheadername1=Content-Disposition&blobheadervalue1=attachment%3B+filename%3DInstruccion_de_5_de_octubre_de_2010.PDF

32 http://gaceta.es/sites/default/files/pnl_gestacion_subrogada_ciudadanos.pdf

socialdemocracia o del Conservadurismo, solo que en estos casos no se manifiestan ni PSOE ni PP, pero si lo hacen gente de la izquierda o derecha de este país, con el mismo grado de división que sucede en el terreno de juego liberal.

Haciendo un somero resumen de las opiniones versadas en el programa antes citado, el tertuliano pro-maternidad subrogada, aludía a que es una decisión de la mujer someterse voluntariamente a un proceso de maternidad subrogada mediante la rubrica de un contrato entre partes, que no existe ninguna obligación o presión hacia ella. Que una decisión así no es indigna, y que desde luego por los estudios realizados no conlleva que el bebe gestado vaya a sufrir un desarrollo inferior por ser criado por unos padres que si son sus padres biológicos pero no han sido los gestantes. Que existe una vinculación estrecha entre el bebe y los padres biológicos aun no gestantes, y que la madre de alquiler en los casos dados no sufre daños emocionales, psicológicos, claro siempre poniendo como ejemplo como país de referencia EE.UU. País según el tertuliano que se vigila estrechamente la capacidad de la madre subrogada tanto emocional como económica, que no sea esta la que le lleve a firmar contratos de esta índole.

En su replica parte contraria consideraba que estos contratos son indignos para la mujer, y menoscaba no solo la dignidad de la mujer sino también la protección del menos a un entorno seguro. Que estos contratos están llevando a la mercantilización de la reproducción asistida, y por ello de la mujer o de los bebes, la mujer no debe prestar su cuerpo, como un trabajador en el ámbito laboral no renuncia a sus derechos como las vacaciones, descanso, etc., la familia, la mujer es mas que eso. Las

---

33 http://esradio.libertaddigital.com/fonoteca/2017-02-15/debate-la-maternidad-subrogada-110466.html

empresas están comercializando y haciendo negocio con este tema, introduciendo clausulas como la obligación a abortar por la gestante si el bebe no está en las condiciones "adecuadas", y que el cuerpo humano no puede ser objeto de mercantilización.

La realidad es que si bien EE.UU, como otros países occidentales en esta cuestión es el paraíso de la regulación de este tema, pues aunque no todos los Estados de la Unión aceptan este tipo de contratos, algunos de ellos la prohíben, pero si lo que está claro que la seguridad jurídica que nos ofrece este país no es la misma que la que nos ofrece Georgia[34], y de ahí la resolución de la Dirección General de los Registros y del Notariado.

Bien pero ¿debe una pareja Española acudir a países que regulan esta cuestión porque nuestro país no les ofrece una solución?¿Debe mantenerse la actual regulación o modificarse en sentido de ofrecer esta posibilidad como se ofrecen otras técnicas? Veamos opiniones de interesados en la materia.

La Asociación por la Gestación Subrogada en España, se manifiesta de esta forma: "*Se está infringiendo el principio de igualdad establecido en nuestra Carta Magna: al igual que otros procedimientos de reproducción humana asistida, como la inseminación artificial o la fecundación in vitro, la gestación por sustitución da respuesta a aquéllos que necesitan ayuda para reproducirse. Sin embargo, frente a quienes carecen de óvulos o esperma, o de ambos, y reciben ayuda para engendrar el embrión que los convertirá en padres/madres, nos encontramos con otras personas que carecen de un útero en el que gestar ese embrión y que se ven abocados a vivir sin descendencia*"[35], a la vez que presentan una Iniciativa Legislativa Popular que regule esta

---
34 http://www.elmundo.es/cronica/2015/07/26/55b37bea268e3ed4258b4572.html

materia en el sentido altruista, nunca lucrativo o comercial, que la mujer gestante deberá tener más de 18 años, buen estado de salud psicofísica y plena capacidad de obrar. Su estado psicofísico deberá cumplir las exigencias fijadas para los donantes en la Ley 14/2006, asegurada, esta practica siempre será en ultima instancia pues deberá haber agotado o ser incompatibles con otras técnicas de reproducción humana asistida, entre aspectos mas relevantes[36].

En sentido contrario se manifiesta la plataforma #Nosomosvasijas, entre sus razones mas relevantes destacan: Que esta técnica niega el derecho a decidir durante el proceso de embarazo y la posterior toma de decisiones relativas a la crianza, cuidado y educación del menor; contempla medidas punitivas si se alteran las condiciones del contrato Las mujeres no son máquinas reproductoras que fabrican hijos en interés de los criadores, por lo que no se puede catalogar como una técnica de reproducción asistida; que aunque si existan ciertas mujeres que lo hagan de forma altruista eso no evita que todo el proceso este contaminado por la mercantilización, comprando embarazos a la carta.[37]

**7.2. Ovodonación.**

7.2.1.- Aspectos éticos de la donación de óvulos.

7.2.1.1.- Pago a la donante.

La donación de óvulos está contemplada en nuestro Ordenamiento Jurídico como un acto altruista y gratuito, el artículo 5 LTRHA establece "*La donación nunca tendrá carácter lucrativo o comercial. La*

---

[35] http://xn--gestacionsubrogadaenespaa-woc.es/index.php/2013-10-16-13-08-07/manifiesto

[36] http://xn--gestacionsubrogadaenespaa-woc.es/index.php/2013-10-16-13-08-07/texto-ilp

[37] http://nosomosvasijas.eu/?page_id=1153

*compensación económica resarcitoria que se pueda fijar sólo podrá compensar estrictamente las molestias físicas y los gastos de desplazamiento y laborales que se puedan derivar de la donación y no podrá suponer incentivo económico para ésta*".Esta norma prohíbe "*alentar la donación mediante la oferta de compensaciones o beneficios económicos*", lo que constituye una infracción grave (artículo 26.2.b.6 LTRHA) sancionado con una multa desde 1.001 hasta 10.000 euros.

La compensación económica resarcitoria a la que la LTRHA hace referencia, supone en la actualidad, la entrega a la donante de una cantidad que oscila entre los 600 y los 1000 euros. A cambio, se le extraerá una media de 20 óvulos, producidos por "hiper-estimulación ovárica", un proceso hormonal consistente en provocar 20 ovulaciones.

A pesar de la compensación económica que la donante recibe, nada impide que ésta sufra los riesgos derivados de la hiperestimulación ovárica o de la sedación/anestesia a la que es sometida, así como posibilidad de desarrollar cáncer o alteraciones psicológicas.

7.2.1.2.- Edad de la receptora.

Nuestra legislación no establece un límite máximo de edad para ser receptora de las técnicas de reproducción humana. Ahora bien, el artículo 6.2 LTRHA obliga a los centros de reproducción asistida a informar a la mujer, previamente a su consentimiento, acerca de los posibles riesgos, para ella misma durante el tratamiento y el embarazo y para la descendencia, que se puedan derivar de la maternidad a una edad clínicamente inadecuada. Este hecho llama la atención si lo comparamos con la antecesora Ley de 1988, que sólo permitía aplicar estas técnicas "cuando no supongan un riesgo y en mujeres mayores de edad, informadas y que lo hayan aceptado libremente".

Esto plantea un debate ético, en tanto que lo que prima es el deseo de ser madre a cualquier precio, sin tener en cuenta los riesgos que la edad avanzada conlleva para la propia madre o futuros descendientes. Si bien, la edad avanzada de la receptora nada tendrá que ver con las probabilidades de embarazo, en tanto que la probabilidad de implantación del embrión está relacionado con la edad de la donante, motivo por el cual los ovocitos proceden siempre de donantes jóvenes. De hecho, la edad máxima de la donante debe ser de 35 años.

7.2.1.3.- Principio bioética de beneficencia, que debe casar con potenciales daños para las donantes, y el principio de los profesionales de no maleficencia y la justicia.

La aplicación de técnicas de reproducción asistida han propiciado situaciones éticamente controvertidas por ejemplo, el destino de los preembriones sobrantes, la mujer de avanzada edad como receptora de las técnicas, etc.- Ante estas situaciones, deben aplicarse los principios de bioética de Beauchamp y Childress: beneficencia-nomaleficiencia, justicia y autonomía.

En materia de reproducción asistida, decimos que el principio de beneficencia-no maleficencia, corresponde al facultativo. Así, mientras la beneficencia trata de evitar cualquier daño asegurando el bienestar del paciente, la no maleficencia supone no causar un daño físico, psíquico, económico, etc. En consecuencia, deberán evitarse aquellas intervenciones que acarreen un riesgo importante o que supongan una mayor probabilidad de riesgos con respecto a los beneficios que se pretenden obtener.

El principio de justicia supone una distribución equitativa de las cargas y beneficios evitando la discriminación y la explotación de grupos vulnerables, y velando para que el resultado de las actuaciones realizadas sea en beneficio de todas las partes implicadas y no solas para alguna de ellas.

El principio de autonomía se enmarca dentro del derecho a la libertad individual y exige el respeto por los criterios, consideraciones, preferencias y acciones de las personas autónomas, lo que implica proporcionar la información necesaria para que las personas puedan formarse un juicio meditado y dar consentimiento.

7.2.1.4.- Donaciones madres hijas.

Esta práctica no es legal en España, ya que la garantía del anonimato del donante en este caso, de la donante de óvulos no permite que éstos provengan de un pariente o familiar, Ahora bien, se han dado casos de donación de óvulos y semen entre familiares fuera de nuestro Ordenamiento Jurídico, normalmente en Estados Unidos, Rusia o Canadá donde la reproducción intrafamiliar médicamente asistida sí está consentida y donde se encuentran casos de donación de ovocitos entre hermanas.

Las personas que acceden a ello suelen estar motivadas por el deseo de mantener los genes familiares, por lo que recurren a un pariente como donante. Recientemente, hemos sido partícipes de casos en lo que, por ejemplo, una mujer da a luz a su propio nieto [38]. Pero es innegable el impacto psicológico y ético que esta práctica puede conllevar –también para el futuro descendiente–. Así, a modo de ejemplo, es posible que surjan conflictos entre los parientes a la hora de contarle al hijo su procedencia biológica. Será necesario que los médicos apliquen los principios éticos vistos anteriormente de beneficencia – no maleficencia.

7.2.1.5.- Mercado donación de óvulos.

---

38 http://www.telesurtv.net/news/Da-a-luz-a-su-nieto-con-ovulos-congelados-de-su-hija--20161207-0025.html

No debemos perder de vista, que a pesar de que la donación de óvulos sea un acto altruista como así prevé la Ley, la mayoría de donantes lo hacen motivadas por necesidades económicas. Es más, la ovodonación ha experimentado un auge en los tiempos de crisis económica, principalmente madres solteras y estudiantes.[39] Estas últimas son una de las principales fuentes de donantes de ovocitos, y es frecuente ver publicidad en las universidades animando a las estudiantes a donar óvulos.

Tal vez, debemos enfocar esta práctica en la actualidad como un mercado –aunque esté regulado-, donde la compensación económica por la donación es, al fin y al cabo, una compra. De hecho, a pesar de que la Ley habla de una compensación económica resarcitoria para compensar las molestias físicas y gastos de desplazamiento y laborales, no se tienen en cuenta los gastos que la donante ha sufrido de desplazamiento, o los gastos laborales que la donación le ocasiona.

Al igual que ocurre en todos los mercados, son los más empobrecidos los que se ven obligados a vender aquello más demandado por un precio ya fijado. Esta idea de mercado se apoya en conductas como la del famoso fotógrafo Ron Harris quien, a través de Internet sacó a subasta óvulos donados por modelos publicitarias.[40]

7.2.1.6.- ¿España país de turismo reproductivo?

Hace poco podíamos leer en un artículo de prensa "La cnina Gu está de dos meses. La mexicana Estela, de uno y medio...Así hasta 80 embarazadas. Desde medio mundo, estas mujeres estériles peregrinan

---

39 http://www.levante-emv.com/sociedad/2013/05/03/negocio-donar-ovulos-semen/994802.html

40 http://edant.clarin.com/diario/1999/10/24/e-05301d.htm

hasta una clínica catalana que cede en adopción 1.700 embriones congelados. Ya hay 400 elegidas"[41]

Dada la permisividad legislativa en materia de acceso a técnicas de reproducción asistida, España se ha convertido en el destino de numerosas mujeres extranjeras que acuden a nuestro país para someterse a estas prácticas, ya sea porque sus legislaciones no permiten la donación de óvulos (Alemania, Suiza e Italia, por ejemplo), o porque éstas ofrecen garantías distintas (En Reino Unido, por ejemplo, no existe garantía de anonimato del donante de semen lo que conlleva un número muy limitado de donantes, que arrastra a las mujeres receptoras a España para someterse a TRHA).

7.2.2.- Aspectos legales de la donación de óvulos.

7.2.2.1.- Destino de los ovocitos en los bancos de autorización.

De acuerdo con el artículo 11, el destino de los mismos será:

*"a) su utilización por la propia mujer o su cónyuge*

*b) la donación con fines reproducctivos*

*c) la donación con fines de investigación*

*d) y el cese de su conservación sin otra utilización, que requiere la finalización del plazo máximo de conservación, vinculado a su vez, con la situación clínica de la mujer receptora."*

Principalmente la donación de ovocitos es con fines reproductivos, la posibilidad de donaciones con fines de investigación genera algunos interrogantes en relación por ejemplo al balance de riesgos para la donante y beneficios para la sociedad.

7.2.2.2.- Estatus jurídico.

El ovocito tiene un estatus jurídico de mayor relevancia que el semen, que impide destruirlos por mera voluntad de los progenitores, al

---

[41] http://www.elmundo.es/suplementos/cronica/2005/504/1118527205.html

igual que sucede con los embriones. De aquí, la importancia de tener muy claro que en España, crear embriones sin un proyecto reproductivo es ilegal, por lo que deberá abrirse un gran debate medico social y legal, que ya no admite retraso ninguno.

7.2.2.3.-Publicidad en la donación de óvulos.

*"Cualquier actividad de publicidad o promoción por parte de los Centros autorizados que incentive la donación deberá respetar el carácter altruista de aquella, no pudiendo en ningún caso alentar la donación mediante la oferta de compensaciones o beneficios económicos."* así lo expresa la Ley, y ésta prevé que la donación de óvulos sea un gesto altruista y no lucrativo o comercial y únicamente prevé una compensación económica que cubra las molestias físicas sufridas por la donante, así como los gastos de desplazamiento o los relacionados con el trabajo, sin embargo podemos leer publicidad como *"Donar no compromete en absoluto la futura fertilidad y maternidad de la donante"*[42], publicidad permitida pero, atrayente sobre todo para mujeres jóvenes, y sobre todo estudiantes, o con poco poder adquisitivo.

7.2.2.4. El anonimato de las donantes.

La LTRHA también prevé la garantía de anonimato del donante: "El anonimato de la donante y la receptora de óvulos están garantizados por ley". En la práctica, conlleva la imposibilidad de donación de óvulos entre parientes, por cuanto el artículo 6.5 LTRHA prevé que: "en ningún caso podrá seleccionarse personalmente el donante a petición de la receptora".

Los hijos nacidos o representantes podrán, no obstante, obtener información del donante que no incluya su identidad. Sólo se prevé una

---

42 http://www.reproduccionquiron.com/index.php/es/menu-quieres-donar.html

excepción a la garantía de anonimato (artículo 5.5 LTRHA): cuando exista un peligro cierto para la vida o la salud del hijo o cuando proceda con arreglo a las Leyes procesales penales, podrá revelarse la identidad de los donantes, siempre que dicha revelación sea indispensable para evitar el peligro o para conseguir el fin legal propuesto. Esta revelación tendrá carácter restringido y no implicará en ningún caso publicidad de la identidad de los donantes.

Este anonimato también ha creado cierta polémica los argumentos que se principales que justifican el anonimato de la donación de gametos es la necesidad de respetar el derecho a la privacidad e intimidad de esos donantes, que han realizado un acto altruista bajo la protección del anonimato, con excepción de aparición de alguna enfermedad genética. Alegan que de no conservarse el anonimato el perfil del donante cambiaría y muchos posibles donantes no lo serían. Por contra hay países que eliminaron es anonimato es el caso de Reino Unido eso supone en la practica que en un futuro podría buscarse a sus padres biológicos, acceder a este información no conlleva la posibilidad de usar esta información para pedir ayuda o compensaciones económicas, primando el derecho del niño sobre el derecho al anonimato.

**7.3. Embrión y su tratamiento; Aspectos éticos.**

**7.3.1. ¿En qué medida las clínicas de reproducción asistida han encontrado una justificación a su afán de éxito en la donación de embriones sobrantes para la investigación biomédica?.**

Las técnicas de reproducción humana asistida conllevan la generación de más embriones de los necesarios, para estos embriones, la derogada Ley 35/1988, de Reproducción Asistida, preveía y autorizaba su sometimiento a congelación o crioconservación en un período máximo de cinco años, a expensas de que fueran solicitados por los progenitores o donados a otras parejas[43]. Si bien, la Ley dejaba un vacío legal para el destino de los embriones transcurrido este plazo.

Esta laguna tuvo enormes consecuencias durante los quince años siguientes: se produjo un exceso o cúmulo de preembriones humanos sobrantes cuyo destino estaba por determinar. Las clínicas de reproducción asistida, entre otras empresas del sector justificaban esta acumulación de preembriones sobrantes en las restricciones en la investigación. De hecho, la Ley sólo se permitía la investigación con preembriones humanos muertos o no viables, mientras con los viables, se requería que la investigación tuviera carácter diagnóstico, terapéutico o preventivo para el propio preembrión.

La Ley 45/2003 modificó la practica existente para dar una solución a la acumulación de embriones sobrantes, en parte motivada por el II Informe de la Comisión Nacional de Reproducción Humana Asistida del año 2000 que, aprovechando el elevado interés científico en los preembriones humanos, interesaba que se permitiera donar a la investigación a aquellos que, por haber transcurrido el plazo de cinco años, no tenían destino. Esta recomendación fue compartida también por el Ministerio de Ciencia y Tecnología y se refleja, de hecho, en la Exposición de Motivos de la Ley, que se justifica alegando:

*"los descubrimientos que se están produciendo en el ámbito de las células troncales procedentes de diferentes tipos de tejidos. Los primeros descubrimientos realizados en este campo están abriendo enormes expectativas en la investigación biomédica y farmacológica, así como en relación a su potencial terapéutico para tratar graves enfermedades que*

---

43 Artículo 11.3 Los preembriones sobrantes de una FIV, por no transferidos al útero, se crioconservarán en los Bancos autorizados, por un máximo de cinco años.

*ahora son incurables."*

Este alegato, junto al argumento de que a los embriones sobrantes no les quedaba otra alternativa que no fuera la descongelación y la muerte, supuso que La Ley 45/2003 acabara autorizando la donación a la investigación, no sólo de los preembriones no viables o muertos, sino también de los viables, de aquellos acumulados a la entrada en vigor de la Ley, excluyendo así a los generados a partir de entonces.

La Ley actual vendría a autorizar la investigación de los embriones sobrantes, incluso viables, al establecer en el artículo 11.4 y como destino de los mismos las siguientes alternativas:

*"a) Su utilización por la propia mujer o su cónyuge.*
*b) La donación con fines reproductivos.*
*c) La donación con fines de investigación.*
*d) El cese de su conservación sin otra utilización. En el caso de los preembriones y los ovocitos crioconservados, esta última opción sólo será aplicable una vez finalizado el plazo máximo de conservación establecido en esta Ley sin que se haya optado por alguno de los destinos mencionados en los apartados anteriores."*

En adelante, la donación con fines de investigación a la que hace referencia la LTRHA deberá sujetarse a los requisitos del artículo 15 de la misma, así como a lo dispuesto en la Ley 14/2007 de Investigación Biomédica. Esta norma prohíbe explícitamente la constitución de preembriones y embriones humanos exclusivamente con fines de experimentación aunque permite la obtención de células troncales embrionarias humanas con fines terapéuticos o de investigación siempre que no comporte la creación de un preembrión. También, permite destinar a la experimentación los embriones sobrantes de técnicas de reproducción asistida, siempre que los progenitores consientan dicha utilización.

**7.3.2. ¿Qué hay de experimentación (si es que lo hay) y qué de interés económico en la donación e investigación con embriones para la ciencia?**

La regulación de la LTRHA en materia de investigación de los embriones sobrantes fue aplaudida por el sector científico. Se puede citar, a modo de ejemplo al Dr. Grossman, [44]quien, al comentar el artículo 15 LTRHA manifiesta: *"La investigación sobre/con embriones humanos viables no sólo es necesaria en el campo de las Técnicas de Reproducción Humana Asistida (TRHA) para lograr la mejora de los protocolos existentes o para ensayar nuevos procesos, sino que también es necesaria como investigación básica (para mejorar el conocimiento general en biología de la reproducción y en embriología) o como investigación aplicada para determinar las posibilidades derivadas de nuevas técnicas como por ejemplo la clonación terapéutica. Se trata de investigaciones que no pueden desarrollarse exclusivamente en modelos animales porque éstos no se ajustan a lo que ocurre en humanos y que tampoco deberían basarse en datos procedentes de embriones humanos no-viables porque las anomalías intrínsecas en este tipo de embriones condiciona la interpretación de los resultados"*

En este punto, y como ya avanzábamos, la Ley de Investigación Biomédica prohíbe expresamente la constitución de preembriones y embriones humanos exclusivamente con fines de investigación, lo que nos lleva a considerar únicamente como fuentes de embriones para investigación:

- Los embriones generados para la reproducción de una pareja

---

44 En LLEDO YAGÜE, F. "Comentarios científico-jurídicos a la Ley sobre técnicas de reproducción humana asistida": Ed. Dykinson. 2009.

usando sus propios gametos
- Los embriones generados a partir de la donación de ovocitos y/o espermatozoides dentro del proyecto reproductivo de una mujer o pareja.

Esta necesidad de que existan embriones cuyo fin sea la donación a la investigación, plantea si, más allá del interés experimental, existe algún otro tipo de interés. Para GERMAN ZURRIARAIN[45], la respuesta es afirmativa, y efectivamente existen intereses comerciales y económicos en ello. En particular, este autor nos habla de la comercialización de embriones como la *"lógica de producción"*. Es decir, los embriones, desde un punto de vista comercial o mercantilista, se convierten en un objeto o producto que entra en el juego de la oferta y de la demanda como cualquier otro artículo de mercado, para satisfacer determinadas necesidades.

Esto se justifica por el afán del sector biotecnológico y farmacéutico, que trabaja al servicio de nuevos deseos, especialmente los de producir embriones "genéticamente más fiables". A partir de ellos, este sector y especialmente los centros de investigación y las empresas suministradoras de equipamiento e instalaciones buscan conseguir grandes beneficios, no sólo estrictamente económicos, sino ligados a la notoriedad y al prestigio. Piénsese además, en aquellas investigaciones sobre embriones que han conllevado la consecución de patentes sobre procesos de clonación, con los derivados beneficios económicos que de ello se derivan[46].

No debemos perder de vista, al fin y al cabo, el gran negocio

---

45 GERMAN ZURRIARIAN, R. "Un nuevo horizonte filosófico. Ética y ciencia en la investigación biomédica con embriones humanos."2005. Visto en https://dialnet.unirioja.es/descarga/articulo/2569764.pdf

existente en torno a las técnicas artificiales de reproducción humana. Mientras la inseminación artificial es la técnica más económica (600 euros por ciclo), la fecundación in vitro, junto con el pertinente diagnóstico pre-implantatorio cuesta una media de 6.000 euros/ciclo. A esta técnica recorrerán aquellas mujeres o parejas que, tras unos cinco ciclos de inseminación artificial, no han logrado el embarazo. Otras técnicas, como la transferencia a una mujer de embriones congelados que procedan de una misma, tiene un precio aproximado de 2.000 euros, mientras que una inyección espermática supone un coste mínimo de 4.000 euros/ciclo.

**7.3.3. ¿Cómo incide ello en la ausencia de limitación legal en cuanto al número de embriones y su (no) implantación?**

Tal y como hemos avanzado, los intereses económicos y comerciales referenciados en el punto anterior dependen exclusivamente de :

- Los embriones generados para la reproducción de una pareja usando sus propios gametos
- Los embriones generados a partir de la donación de ovocitos y/o espermatozoides dentro del proyecto reproductivo de una mujer o pareja.

De estas técnicas se podrá derivar un ilimitado número de embriones sobrantes porque la Ley de Investigación Biomédica no establece ningún límite legal al número de embriones sobrantes, como tampoco hace la LTRHA. De hecho, esta última sólo limita el número de embriones que se pueden fecundar y transferir a la mujer en cada ciclo de reproducción asistida, no pudiendo ser superior a tres.

---

**46** RUIZ ABELLAN. E. *"Entre el cientificismo y el mito de la "eterna juventud"*, Alicante, Universidad de Alicante, Cuaderno Bioética, 2004.

En tanto que hay multitud de intereses lucrativos en juego, es lógico pensar que esta ausencia de límite beneficia, sin duda, a las empresas del sector, que tienen carta blanca para generar un número de embriones más amplio del que es recomendable implantar.

Hay que tener además en cuenta el respaldo jurisprudencial que estas empresas han encontrado en materia de embriones sobrantes, pues el Tribunal Constitucional tuvo ocasión de pronunciarse sobre ello al respecto del recurso de inconstitucionalidad presentado contra la ya derogada Ley 35/1988 de Reproducción Asistida. En particular, la resolución judicial reconoce la posibilidad de *"obtener un número suficiente de preembriones necesario para asegurar, con arreglo a los conocimientos biomédicos actuales, el éxito probable de la técnica de reproducción asistida que se esté utilizando, lo que, desde otra perspectiva, supone admitir como un hecho científicamente inevitable la eventual existencia de preembriones sobrantes"*

Ahora bien, ¿hasta qué punto sería recomendable la reducción de embriones para implantar en cada ciclo?

Esta materia fue abordada en el II Informe de la Comisión Nacional de Reproducción Humana Asistida, en el año 2000. De un lado, se consideró la posibilidad de mejorar las técnicas usadas, para poder permitir en el futuro *"la reducción del número de embriones producidos, ajustándolo cada vez más al número de embriones adecuado para una sola transferencia"*. En concreto, se habla de medidas para que los centros sean más rigurosos en la creación de embriones, reduciendo así la necesidad de su congelación a lo preciso para garantizar con criterios científicos el objetivo perseguido de la reproducción y de medidas encaminadas a facilitar el destino de los embriones a l procreación, mediante la implantación de embriones congelados a otras parejas que desearan actuar como receptoras.

Si bien, de otro lado, se reconoce que esta reducción es poco probable, en tanto que la obtención de resultados más seguros va ligada a las generaciones de más embriones de los necesarios. El hecho de que a ello se sumen intereses, más allá de los terapéuticos, nos lleva a concluir en este mismo sentido, pues, en nuestra opinión es poco probable y previsible que se reduzcan o limiten el número de embriones destinados a la no implantación.

### 7.4. Fecundación post-mortem.

7.4.1.- Análisis del artículo.

Por fecundación post-morten entendemos que "es la inseminación de la mujer con semen de su ex marido o ex concubino ya muerto, o la transferencia de embriones criopreservados que fueron concebidos con gametos de dichas personas"

Nuestro país, dedica un capítulo a legislar la fecundación post-morten, estableciendo ciertos requisitos para que esta pueda proceder Esta forma de procrear. Este capítulo no exento de críticas por los problemas éticos y jurídicos, ha tendió que conjugar los intereses del fallecido, de la mujer del fallecido, del futuro recién nacido, y de terceras personas que pudieran verse afectadas por el nacimiento (derecho sucesorio), pero era indispensable su regulación para que se pudiera dar salida a los casos prácticos que de otra forma nuestro derecho no le daba salida.

Así pues la Ley 14/2006, de 26 de mayo, sobre técnicas de reproducción humana asistida, recoge en su Artículo 9, titulado la **"Premoriencia del marido"**, la regulación de la fecundación post mortem.

De su lectura podemos deducir que con carácter general solo admite la posibilidad de fecundación bajo el paraguas de las técnicas de reproducción en vida de la pareja *"No podrá determinarse legalmente la filiación ni reconocerse efecto o relación jurídica alguna entre el hijo nacido por la aplicación de las técnicas reguladas en esta Ley y el marido fallecido cuando el material reproductor de éste no se halle en el útero de la mujer en la fecha de la muerte del varón."*[47], salvo las excepciones recogidas en los apartados 2 y 3 de dicho artículo, que puede utilizarse el material genético del fallecido siempre que concurran dos condicionantes que exista consentimiento a utilizarlo tras su muerte *"el marido podrá prestar su consentimiento, en el documento a que se hace referencia en el artículo 6.3, en escritura pública, en testamento o documento de instrucciones previas, para que su material reproductor pueda ser utilizado"*[48] y el segundo condicionante es temporal *"que su material reproductor pueda ser utilizado en los 12 meses siguientes a su fallecimiento para fecundar a su mujer"*[49], el consentimiento como vemos puede ser otorgado bien mediante testamento, bien mediante escritura pública, documento con instrucciones previas, o por documentos clínico.

De la lectura del artículo 9, se extraen dos supuestos: la introducción en los órganos genitales femeninos del semen del varón fallecido por medio distinto al contacto sexual y segundo supuesto la transferencia a la

---

[47] Artículo 9.1 de la Ley 14/2006, de 26 de mayo, sobre Técnicas de Reproducción Asistida Humana

[48] Artículo 9.2, de la Ley 14/2006, de 26 de mayo, sobre Técnicas de Reproducción Asistida Humana

[49] Artículo 9.2, de la Ley 14/2006, de 26 de mayo, sobre Técnicas de Reproducción Asistida Humana.

mujer, tras el fallecimiento del varón, de pre-embriones de la pareja constituidos mediante fecundación in vitro con anterioridad a la muerte del marido/pareja *"cuando el cónyuge supérstite hubiera estado sometido a un proceso de reproducción asistida ya iniciado para la transferencia de pre-embriones constituidos con anterioridad al fallecimiento del marido"*[50]; supuesto que no es propiamente post morten dado que fue formado en vida. Así pues el legislador recogió en este articulo la posibilidad de uso del material reproductor o la transferencia de preembriones ya constituidos previamente al fallecimiento.

Las posibilidades que quedan excluidas del articulado serían:

a). puesto que solo habla del fallecimiento de varón o marido, se deduce que la Ley no contempla el caso de fallecimiento de la mujer, y sea la pareja/marido el que utilice el material genético de la mujer o preembrión, estaríamos en un caso de maternidad subrogada, recogido en el artículo 10, el cual sería *"nulo de pleno derecho el contrato por el que se convenga la gestación, con o sin precio, a cargo de una mujer que renuncia a la filiación materna a favor del contratante o de un tercero"*[51].

b) Se excluye la posibilidad también de la defunción de ambos cónyuges y el embrión será transferido al vientre de otra mujer.

c) Cuando la ley especifica la utilización del material reproductor del fallecido, excluye pues la posibilidad de utilizar el material genético de un tercero según una parte de la doctrina, otro por su parte cuestionan este extremo dado que se permite la inseminación de un donante en vida, no está claro que no deba permitirse si el marido ha

---

50 Articulo 9.2, de la Ley 14/2006, de 26 de mayo, sobre Técnicas de Reproducción Asistida Humana.

51 Artículo 10 de la Ley 14/2006, de 26 de mayo, sobre Técnicas de Reproducción Asistida Humana.

consentido previamente. Según Diez-Picazo y Gullon, "es difícil, por no decir imposible, considerar como escrito de reconocimiento de la paternidad el escrito consintiendo la fecundación de una mujer con el semen de un tercero, porque, en rigor, el autor del documento lo que está haciendo es reconocer que la paternidad no es suya."[52], considerando que este artículo crea un vacio legal. Por su parte CABIDO IGLESIAS " opina que debe proceder a una mejor redacción del artículo para dar cabida a la posibilidad del un embrión fecundado por material reproductor de donante *"Cuando parece que en el resto de técnicas hemos dejado atrás la verdad biológica para conseguir de una manera libre una verdad voluntaria, parece que la moral personal ha sucumbido siendo plasmada así en la normativa. En este sentido, creo que sería necesario replantearse la dicción literal con el objeto de dar acceso a la fecundación post mortem heteróloga."*[53]

d) Hay dudas en cuanto al supuesto de la transferencia de un preembrion concebido en vida pero con material genético de una tercera persona.

e) El artículo 9 de la Ley sólo regula la reproducción artificial post mortem en el caso de una pareja heterosexual, razón por la cual se excluiría el matrimonio o pareja de hecho homosexual, de hombres o mujeres. En el caso de una pareja homosexual constituida por varones, entraríamos en el supuesto de nulidad ya que estaríamos hablando de la maternidad subrogada. En el caso de pareja homosexual femenina no parece permitir la fecundación artificial post mortem en la que intervenga el semen de un donante.

---

52 Luis Diez-Picazo y Antonio Gullón, Sistema de Derecho Civil, pág 280.

53 CABIDO IGLESIAS, J. "Fecundación post mortem. Analisis jurídico de la regulación en España". Cadernos de Dereito Actual nº2. 2004

f) Nacidos fuera del plazo establecido de los 12 meses. Puesto que la Ley no especifica si el plazo se refiere a todo el proceso de inseminación post-morten, o a un solo embarazo, ya que una mujer sometida a un proceso de inseminación no alcanza los resultados deseados en un primer intento de implantación, y pudiera darse el caso de que tuviera la posibilidad de varios intentos. Aunque explicitamente no se especifique en la Ley de facto, no parece que el plazo de 12 meses sea taxativo, pero claro, siempre es mejor una nueva redacción como la que se recogía en el Código de Familia de Cataluña[54], que en su artículo 92, dice que: "*1. Los hijos nacidos a consecuencia de la fecundación asistida de la mujer, practicada con el consentimiento expreso del marido formalizado en escritura pública, se consideran hijos matrimoniales del márido. 2. En la fecundación asistida practicada después de la muerte del marido con gametos de éste, el nacido se tiene por hijo suyo, siempre que concurran en la misma, las siguientes condiciones: a) Que conste fehacientemente la volunta expresa del marido para la fecundación asistida después de su muerte. b) Que se limite a un único caso, comprendido el parto múltiple. c) Que el proceso de fecundación se inicie en el plazo máximo de doscientos setenta días después de la muerte del marido. Dicho plazo puede ser prorrogado por la autoridad judicial, por causa justa y por un tiempo máximo de noventa días".*

### *7.4..2.- La filiación.*

El artículo 7 de la Ley de Reproducción Asistida, se remite en materia de filiación a las leyes civiles, al indicar que "la filiación de los nacidos con las técnicas de reproducción asistida se regulará por las leyes

---

54 Artículo 92 de la Ley 9/1998, de 15 de Julio, Codigo de Familia (Vigente hasta 1 enero de 2011)

civiles, salvo de las especificaciones establecidas en los siguientes artículos."[55]

Así de conformidad con el artículo 166 del Codigo Civil, *"se presume hijos del marido los nacidos despues de la celebración del matrimonio y antes de los trescientos días siguientes a su disolución o separación legal de los conyuges."*

Ahora bien, en el caso de la fecundación post-mortem, y en los términos que hemos visto anteriormente, el artículo 9 de la Ley de reproducción asistida expresa que no hay relación paterno-filial con el hijo nacido a través de estas técnicas si en el momento de fallecer el marido o pareja de hecho, el material reproductor no estuviera en el útero de su mujer, estableciendo esto como regla general.

Este precepto en opinión de algunos expertos choca con la presunción establecida en el artículo 116 del Codigo Civil, antes citado, pues se puede dar el supuesto que una mujer sometida a técnicas de reproducción tenga éxito despues de fallecido el marido, y que el hijo nacido lo haga en una fecha posterior a los 300 días, en el caso el encargado del registro civil, denegaría la inscripción como hijo del fallecido pues no existiría presunción de paternidad ni de consentimiento de este teniendolo que inscribir como hijo no matrimonial.[56]

En esta linea, autores como Fernandez Campos es que se debieron adaptar o corregir los artículos 116 y 118 del Codigo Civil, dado que entran en colisión con la redacción del artículo 9 de la LTRHA, y

---

55 Artículo 7, de la Ley 14/2006, de 26 mayo, sobre Técnicas de Reproducción Asistida Humana.

56 Ver lectura del Auto del Juzgado de Primera Instancia n° 13 de Valencia, de 13 de mayo de 2003. Visto en "Limites a la utilización de las técnicas de reproducción asistida. Reflexión a propósito del Auto del Juzgado de Primera Instancia n° 13 de Valencia de 13 de mayo de 2003", Marina Pérez Monge

recuerdan que este precepto tiene la misma jerarquia del Código Civil, y aunque el artículo de la LTRHA tiene cierta especialidad y, además, es ley posterior, que en orden a resolver un posible caso de contradicción " *En orden a evitar conflictos hubiera sido conveniente y razonable, para mantener la coherencia del sistema, haber modificado el Código Civil al tiempo de la promulgación de la LTRHA. Hubiera sido fácil, pues bastaba la incorporación, en alguna disposición adicional de la LTRHA de la correspondiente modificación del CC, que para salvar la contradicción ordenará la incorporación de un nuevo párrafo al artículo 116 y/o al artículo 118, recogiendo las particularidades de la filiación proveniente de la reproducción asistida post-mortem. A pesar de las recomendaciones de la doctrina, que se remontan a la Ley de 1988, esta deficiencia técnica persiste tras la aprobación de la nueva ley.*"[57]

7.4.2.1.- La filiación matrimonial.

El hijo así nacido es matrimonial porque procede genéticamente del varón, y éste consistió constante el matrimonio. Por mandato legal, se considera hijos matrimoniales, a pesar de que el así concebido nacerá, casi con toda seguridad, después de los 300 días del artículo 116 del CC.

En consecuencia, el reconocimiento de la filiación del hijo así concebido se somete al cumplimiento de dos requisitos, primero que el consentimiento, que debe realizar el varón en determinada forma es decir en documento de consentimiento en el propio centro, en escritura pública, en testamento o en documento de instrucciones previas. Y segundo que el plazo a realizar la fecundación, que ha de ser de doce meses a contar desde el día siguiente al fallecimiento del varón su material reproductor pueda ser utilizado en los 12 meses siguientes a su fallecimiento.

---

[57] http://www.abogadofamilia.es/detalle-novedades-legislativas.php?news_id=21

Y, como ejemplo de realizar es la noticia de febrero de 2015 por la que un juzgado autorizó la extracción de semen a un fallecido en accidente de tráfico solicitado por su mujer que acreditó que se encontraba en tratamiento de reproducción, y que tenían programada una intervención de fecundación in vitro, de la documentación aportada y de la testifical médica se deducía que era evidente su voluntad[58]. Y el ejemplo contrario al mencionado anteriormente cuando una mujer viuda solicita al juzgado de primera instancia la inseminación de su marido muerto 11 años antes. Solicitud denegada dado que no había autorización previa del marido ni posibilidad de otorgarla.[59]

7.4.2.2.- Filiación no matrimonial.

Para estos supuestos, el artículo 9.3 LTRHA dispone que el consentimiento del varón no casado es título que permite iniciar el expediente regulado en el artículo 49 de la Ley de Registro Civil. En definitiva, se está considerando que los documentos donde se ha prestado el consentimiento por parte del marido, tienen la condición de escrito indubitado del padre para reconocer la filiación.

En conclusión podemos decir que:

1.- Cuando el marido ha fallecido y no se halle el material genético en el útero de la mujer, se requerirá para que la filiación sea matrimonial:

    a). Que la mujer haya estado sometida a un proceso de reproducción asistida ya iniciado para la transferencia de embriones con anterioridad al fallecimiento, o

    b). Que el fallecido haya prestado consentimiento de forma libre, consciente y formal por los distintos medios establecidos

---

[58] www.elmundo.es/andalucia/2015/02/27/54f0946922601d982a8b456e.html

[59] http://www.elperiodicodearagon.com/noticias/sociedad/juez-prohibe-usar-esperma-hombre-coma_57577.html

en la Ley, para que su material reproductor pueda ser utilizado en los 12 meses siguientes a su fallecimiento.

2.- Si el fallecido no es el marido de la mujer, sino varón no unido por vinculo matrimonial. Para determinar la filiación deberá haberse producido el consentimiento en los términos establecidos en la Ley, para iniciar el expediente de filiación.

3.- Sino se produce consentimiento, no se podrá legalmente determinar la filiación, ni reconocerse efecto o relación con el hijo nacido.

**7.5. Diagnóstico Genético Preimplantacional (DGP).**

El diagnóstico genético preimplantacional (en adelante DGP) constituye uno de los avances más importantes de los últimos tiempos en materia genética, en nuestro país se habían prevenido unos 200 casos e investigado 350, hasta julio de 2016[60], uno de los bebes libres de enfermedad fue Carmen, la cual gracias a el DGP, nació "*a salvo enfermedad de Duchenne, patología muscular ligada al gen del cromosoma X que se manifiesta entre los dos y los tres años de vida, aunque no se diagnostica, por lo general, hasta los siete años de edad, y que a los 12 ó 13 años suele inmovilizar las piernas afectando a uno de cada seis mil niños nacidos vivos*"[61].

Este Diagnostico consiste examinar el embrión, anteriormente a su implantación in vitro en el útero materno, por lo que permite seleccionar aquellos embriones que carecen de los genes causantes de determinadas enfermedades hereditarias.

---

60 http://www.elmundo.es/suplementos/salud/2006/674/1154124014.html

61 http://www.elmundo.es/elmundosalud/2006/07/25/medicina/1153785808.html

Todo el abanico de opciones que brinda el DGP es objeto de un intenso debate ético que pasaremos a analizar en relación con las distintas finalidades de esta técnica, así como su regulación jurídica.

### 7.5.1. Aspectos jurídicos.

La legislación española más reciente en la materia es la Ley 16 de febrero de 2006 sobre técnicas de reproducción asistida, que modifica la anterior ley 45/2003 de 21 de noviembre, respecto al DGP, en su capítulo V establece los requisitos que deben reunir los centros dedicados a la práctica.

Por otra parte, la nueva Ley sobre técnicas de reproducción asistida permite el diagnostico genético preimplantacional en dos casos:

"a) La detección de enfermedades hereditarias graves, de aparición precoz y no susceptibles de tratamiento curativo pos-natal con arreglo a los conocimientos científicos actuales, con objeto de llevar a cabo la selección embrionaria de los preembriones no afectos para su transferencia.

b) La detección de otras alteraciones que puedan comprometer la viabilidad del preembrión."[62]

En ambos casos no será necesaria la autorización de la Comisión (regulada en el capítulo VI de la ley) siendo únicamente necesaria la comunicación de la práctica a la autoridad sanitaria competente, así lo regula el artículo 10.2 de la Ley 14/2006, sobre Técnicas de Reproducción Asistida Humana.

En este mismo artículo se contempla la posibilidad de utilización del DGP con fines terapéuticos para terceros, aunque en este caso, la ley considera necesario un estudio "caso por caso" de la autoridad sanitaria

---

62 Artículo 12.1 de la Ley 14/2006, de 26 de mayo, sobre Técnicas de Reproducción Asistida Humana.

correspondiente, siendo necesario un informe favorable previo, elaborado por la Comisión Nacional de Reproducción Humana Asistida.

Como veremos más adelante, la consideración del pre-embrión, ha suscitado un intenso debate en cuanto a la consideración de los pre-embriones descartados, pues bien, la ley considera que "por preembrión el embrión in vitro constituido por el grupo de células resultantes de la división progresiva del ovocito desde que es fecundado hasta 14 días más tarde ."[63], Artículo uno de la citada Ley.

Por otra parte, la ley 10/1995 de 28 de noviembre del Código Penal, también regula algunos aspectos básicos sobre esta técnica. Si bien es cierto, la legislación penal es anterior a la nueva ley de reproducción asistida, y tipifica algunos supuestos en relación con la reproducción asistida. En este sentido podemos señalar el art. 160 C.P que considera delito, con pena de prisión de uno a cinco años, a quienes fecunden óvulos humanos con fines distintos a la procreación humana, y sigue, estableciendo la misma pena de prisión, la creación de seres humanos por clonación y otros procedimientos dirigidos a la selección de la raza.

### 7.5.2 Aspectos éticos.

El DGP se caracteriza por una utilización de un numero considerablemente superior e embriones que en los casos de la reproducción asistida común; esta utilización masiva está encaminada a su manipulación, selección y, por supuesto, descarte de los no aptos. Lo cual abre el primer debate ético el del tratamiento de los embriones descartados puesto que hay diversas teorías acerca del momento en que se le puede confiere a éste dignidad humana.

En este sentido podemos señalar tres teorías contrapuestas:

---

[63] Artículo 1, de la Ley 14/2006, de 26 de mayo, sobre Técnicas de Reproducción Asistida Humana.

a). Las que reconocen dignidad humana desde el momento de la concepción. La religión católica o protestante, por ejemplo, consideran que el DGP produce pérdidas importantes de embriones a los que se confiere dignidad humana, en base a este argumento, están en total desacuerdo con esta técnica.

Pero no rechazan el DGP, por ejemplo la Iglesia Católica opina al respecto que "¿Es moralmente lícito el diagnóstico prenatal?. *Si el diagnóstico prenatal respeta la vida e integridad del embrión y del feto humano y si se orienta hacia su custodia o hacia su curación, la respuesta es afirmativa.*"[64]

b). Las que abogan por una visión gradual de la dignidad humana dependiendo del desarrollo del embrión. Los partidarios de esta teoría sostienen que el embrión se dota de especial respeto y dignidad, no obstante, se establecen etapas graduales para su consideración como ser humano. En base a este argumento, se sostiene el sistema de plazos para la protección jurídica del embrión. En España, por ejemplo, se establece un plazo de 14 días desde la fecundación.

Siguiendo la línea de esta teoría, hay autores como Habermas que dotan al embrión de dignidad humana en el momento del nacimiento[65], considerando hasta entonces que se trata de un conjunto de células que no tienen dignidad humana, adquiriendo ésta en el momento del nacimiento.

---

64 Instrucción DONUM VITAE, sobre el respecto de la vida humana naciente y la dignidad de la procreación. Victo en www.vatican.va

65 EL CONCEPTO DE VIDA «PREPERSONAL», EN EL FUTURO DE LA NATURALEZA HUMANA, DE J. HABERMAS. Roberto Germán Zurriaráin Universidad de Navarra. Departamento de Filosofía. Cuadernos de Bioética ISSN: 1132-1989 bioética@um.es Asociación Española de Bioética y Ética Médica

c) Concepción naturalista, que opinan que el embrión humano no tiene un rango diferente a otras células del cuerpo desde el punto de vista de la protección de ellas.

Realmente la ciencia ha optado por desentenderse del debate filosófico y dejar que la ciencia siga su ritmo, dado que la realidad es que no existe una postura unanime con respecto a la condición de embrión o preembrion.

Otra cuestión controvertida en torno al DGP es la utilización de la técnica para prevenir enfermedades hereditarias graves. El Articulo 12.2 de la Ley de Reproducción Asistida dice que cabe la posibilidad de usar esta técnica "en combinación con la determinación de los antígenos de histocompatibilidad de los preembriones in vitro con fines terapéuticos para terceros."[66]

La cuestión en este segundo debate, es como interpretamos la técnica del DGP en sentido extensivo o como una finalidad terapéutica, *"en el plano bioético, deben señalarse las dos lineas básicas de pensamiento ... el pensamiento deontológico kantiano, que apuesta por considerar al ser humano como un fin en si mismo, que no puede ser utilizado simplemente como un medio; y por otro lado, el pensamiento utilitarista o consecuencialista, más proclive a contemplar favorablemente la realización de la técnica en este tipo de situaciones."*[67]

La cuestión de en este punto de debate se establece en que el DGP genera múltiples posibilidades, la cuestión es si son totalmente aceptables o rechazables, o si se pueden aceptar algunas de ellas. En

---

66 Artículo 12.2, de la Ley 14/2006, de 26 de mayo, sobre Técnicas de Reproducción Asistida Humana.

67 F. Abellan, Aspectos bioéticos y legales del diagnostico genético preimplatatorio. Madrid 2006

España se *"requerirá de la autorización expresa, caso a caso, de la autoridad sanitaria correspondiente, previo informe favorable de la Comisión Nacional de Reproducción Humana Asistida, que deberá evaluar las características clínicas, terapéuticas y sociales de cada caso"*[68], no existe unanimidad en esta cuestión en cuanto a su regulación mientras España, la regula y especifica que será una comisión la que determine caso a caso cuando es procedente el DGP, fuera de los dos casos que si se aplica, en Alemania o Suiza está prohibido, y en Estados Unidos no existe ninguna regulación al respecto y son los propios hospitales los que siguen sus propias pautas éticas.

El tercer punto de debate se establece en torno a que si esta técnica se debe aplicar en enfermedades de aparición tardía, existen muchas teorías al respecto desde los que abogan por una estricto control por parte de las autoridades, a los que son partidarios de que es una decisión libre de los padres, hasta los que entienden que debe ser una combinación de intereses.

### 7.6. Universalidad del acceso a estas prácticas

En lo que a técnicas de reproducción humana asistida se refiere, el artículo 6.1 de la Ley 14/2006 preceptúa: *"Toda mujer mayor de 18 años y con plena capacidad de obrar podrá ser receptora o usuaria de las técnicas reguladas en esta Ley, siempre que haya prestado su consentimiento escrito a su utilización de manera libre, consciente y expresa. La mujer podrá ser usuaria o receptora de las técnicas reguladas en esta Ley con independencia de su estado civil y orientación sexual."*[69]

---

[68] Artículo 10.2, de la Ley 14/2006, de 26 de mayo, sobre técnicas de Reproducción Asistida Humana.

Se puede decir que la primera condición es que la mujer que acceda a la reproducción asistida debe ser mayor de edad, pues es en ese momento cuando alcanza la plena capacidad jurídica de obrar y se extingue la patria potestad. Este requisito legal nada tiene que ver con un condicionamiento fisiológico, en tanto que la mujer tiene capacidad reproductiva incluso mucho antes de ser mayor de edad, de la lectura de este artículo algunos autores entiendes que para estos "fines no basta siquiera la emancipación, siendo necesario que se hayan cumplido la edad especificada, de 18 años" además de "por la especial trascendencia que tienen y también, quizás, por la previsible necesidad de que exista un completo desarrollo físico"[70].

La norma habla de una edad mínima, pero no máxima. Así se deriva, de hecho, del artículo 6.2 al disponer que: *"Entre la información proporcionada a la mujer, de manera previa a la firma de su consentimiento, para la aplicación de estas técnicas se incluirá, en todo caso, la de los posibles riesgos, para ella misma durante el tratamiento y el embarazo y para la descendencia, que se puedan derivar de la maternidad a una edad clínicamente inadecuada."* Por tanto, independientemente del debate ético que este precepto pueda generar, lo cierto es que cualquier mujer de edad avanzada puede someterse a la reproducción humana asistida.

Tampoco hay límites para las mujeres que sufran alguna discapacidad, porque por la vía de la Disposición Adicional quinta de la

---

69 Ley 14/2006, de 26 de mayo, sobre Técnicas de Reproducción Asistida Humana.

70 SANTOS MORON, M.J. "Menores y derecho de la personalidad. La autonomía del menor", 2011. Visto https://www.uam.es/otros/afduam/pdf/15/M%20J%20Santos.pdf

Ley, el legislador abre la puerta de la reproducción humana asistida a usuarias con discapacidad siempre y cuando puedan prestar el consentimiento libre, consciente y expreso. Se trata de la garantía de no discriminación que por entonces venía consagrada en la ya derogada Ley 51/2003, de 2 de diciembre de igualdad de oportunidades, no discriminación y accesibilidad universal de las personas con discapacidad.

Este último punto es una novedad legislativa de la Ley 14/2006 con respecto a su antecesora Ley 35/1988, sobre técnicas de reproducción asistida, que requería expresamente que la mujer gozara de un buen estado de salud. Actualmente, no se exige el buen estado de salud de la mujer a pesar de que el artículo 3.1 de la Ley proclama que: *"Las técnicas de reproducción asistida se realizarán solamente cuando haya posibilidades razonables de éxito, no supongan riesgo grave para la salud, física o psíquica, de la mujer o la posible descendencia y previa aceptación libre y consciente de su aplicación por parte de la mujer, que deberá haber sido anterior y debidamente informada de sus posibilidades de éxito, así como de sus riesgos y de las condiciones de dicha aplicación."*

En cuanto a las mujeres incapacitadas judicialmente, éstas no gozan del acceso a las técnicas de reproducción asistida, toda vez que no tienen capacidad para prestar consentimiento.

Ahora bien, ¿qué ocurre cuando una mujer está incapacitada pero no de forma judicial? En este punto, nos remitimos a Serna Meroño[71], quién distingue varios tipos de incapacidades psíquicas, físicas

---

[71] SERNA MEROÑO, E. "Las técnicas de reproducción asistida: limitaciones para su práctica". Visto en https://dialnet.unirioja.es/servlet/articulo?codigo=4283062

y sensoriales, Según él, no puede negarse el acceso a estas técnicas a las mujeres que sufren incapacidades sensoriales o físicas, a no ser que éstas últimas supongan una anomalía grave, así la limitación sensorial *"no supone ningún inconveniente para que quien la padece pueda convertirse en madre a través de las técnicas de reproducción asistida"* y la física solo *"cuando sus limitaciones afecten a funciones orgánicas-biológicas, estos supuestos se deberán valorar de forma integral por el equipo médico que deberá informar de todos los riesgos que la usuaria asume"*, en cuanto a las mujeres con incapacidad psíquica *"Las limitaciones en la actividad de carácter psíquico tienen que ser necesariamente compatibles con que la mujer usuaria pueda comprender toda la información que el equipo médico tiene que proporcionarle de manera obligatoria sobre los tratamientos a seguir en la aplicación de las técnicas de reproducción asistida, ya que, uno de los presupuestos necesarios para su práctica es que la mujer, en todo caso, preste su consentimiento libre y consciente. Esta circunstancia exige que la información y el asesoramiento a que se refiere la ley se deban prestar a las personas con discapacidad en condiciones y formatos accesibles apropiados a sus necesidades"*, es decir si una mujer sufre una incapacidad psíquica, no podrá ser imposibilitada siempre y cuando haya podido prestar consentimiento libre y consciente.

Todo lo dispuesto anteriormente ha llevado a que un sector doctrinal importante se posicione en contra de la legislación en materia de reproducción asistida, al considerar que esta permisividad no tiene en cuenta el impacto que las incapacidades de la madre pueden tener para sus descendientes, privilegiando así el deseo de ser madre por encima de todo tipo de riesgo y consecuencias indeseables[72], *"el deseo de un hijo no puede justificar la «producción» del mismo, así como el deseo de no tener un hijo ya concebido no puede justificar su abandono o destrucción*"[73]

Tampoco ha estado exento de polémica el hecho de que la mujer pueda acceder a las prácticas de reproducción humana asistida por sí sola. En particular, DIEZ SOTO [74] dispone: *"Se trata, quizá, de una de las manifestaciones más evidentes (junto a la garantía de anonimato de los donantes y la posibilidad de fecundación post mortem) de un planteamiento legal que, ya desde la Ley de 1988, tiende a favorecer un concepto de paternidad/maternidad basado exclusivamente en el deseo y no en el hecho biológico, privilegiando las aspiraciones personales de los usuarios por encima de los derechos del futuro nacido, y en clara contradicción con los fines esencialmente terapéuticos que, al menos en su origen estaba llamada a cumplir la legislación sobre reproducción asistida. En particular, la aplicación de las técnicas a la mujer sola, unida al anonimato del donante, determina que el hijo se vea privado, por exclusiva voluntad de la madre, de la posibilidad de reclamar la paternidad de su progenitor biológico, de conocer su identidad, y de demandarle asistencia de ningún tipo aun en los casos excepcionales en que llegue a conocer su identidad, sin que exista nadie que se responsabilice en su lugar del nacido.*

---

72 ABELLAN, F.; SANCHEZ-CARO, J. "Bioética y ley en la reproducción humana asistida: manual de casos clínicos". Ed. Comares. Granada, 2009.

73 Visto en
http://www.vatican.va/roman_curia/congregations/cfaith/documents/rc_con_cfaith_doc_20081208_dignitas-personae_sp.html

74 DIEZ SOTO, C. "Comentarios científico jurídicos a la Ley 14/2006, de 26 de mayo, sobre técnicas de reproducción humana asistida".

En esta línea, decir que en Derecho comparado suele exigirse la figura paterna para acceder a la reproducción humana asistida (así se establece en la legislación francesa, inglesa e italiana, por ejemplo). Vale añadir sin embargo que, de conformidad con nuestra norma actual, cuando la mujer está casada se requerirá el consentimiento del cónyuge, siempre y cuando éstos no estén separados legalmente o de hecho, cuando así conste fehacientemente.

Es importante saber que todas las cuestiones o críticas manifestadas anteriormente fueron planteadas y resueltas por el Tribunal Constitucional [75] en su día, quién acabó considerando que estas prácticas sí son constitucionales por cuanto lo que prima es el derecho de la mujer a reproducirse. Esto nos lleva a hablar, hoy en día, de la universalidad en el acceso a las prácticas de reproducción humana asistida.

La universalidad en el acceso queda patente también en la Ley 14/2007, de 3 de julio, de Investigación biomédica, cuyo artículo 4.1 menciona la libre autonomía de las personas para participar en una investigación biomédica, o para aportar sus muestras biológicas. Al igual que en las técnicas de reproducción asistida, la Ley exige el consentimiento previo y la correspondiente información para que el usuario comprenda los riesgos. Esta información de los riesgos es especialmente importante cuando el usuario es una persona discapacitada, pues también los discapacitados pueden acceder a que se les apliquen dichas técnicas en pro de la garantía de no discriminación.

Pero la Ley 14/2007 va más allá porque permite el acceso a sus técnicas a menores de edad e incapacitados legalmente. En este sentido, el artículo 4.2 requiere únicamente el consentimiento por representación,

---

[75] STC 116/1999, de 17 de junio de 1999. Recurso de inconstitucionalidad 376/1989.

proporcional a la investigación a desarrollar (que deberá realizarse con respeto a la dignidad y en beneficio de la salud del paciente) y siempre y cuando no existan otras alternativas para la investigación.

El Convenio de Oviedo proclama el bienestar e interés del ser humano sobre el interés exclusivo de la sociedad, lo que habrá que ponerse en relación con los criterios restrictivos que la propia Ley 14/2007 establece. Así, el artículo 58.5[76] indica que en el caso de menores e incapacitados, la obtención de muestras debe obedecer a los siguientes requisitos:

• Que se adopten las medidas necesarias para garantizar que el riesgo de la intervención sea mínimo para el sujeto fuente.

• Que de la investigación se puedan obtener conocimientos relevantes sobre la enfermedad o situación objeto de investigación, de vital importancia para entenderla, paliarla o curarla.

• Que estos conocimientos no puedan ser obtenidos de otro modo.

• Que se cuente con la autorización por parte de los representantes legales del menor o de la persona incapacitada o que, en su caso, existan garantías sobre el correcto consentimiento de los sujetos fuente.

Por otro lado, de los artículos 20 y 21 se derivan, además, las siguientes condiciones:

• Que los resultados de la investigación puedan producir beneficios reales o directos sobre su salud, sin que se pueda realizar una investigación de eficacia comparable en individuos capaces de prestar su consentimiento. Si no va a producir beneficios, se requerirá que la investigación tenga por objeto mejoras significativas en la comprensión

---

76 Convenio de Oviedo

de la enfermedad, o un resultado beneficioso para otras personas de la misma edad o con la misma enfermedad o condición en un plazo razonable, además de que la investigación se ponga en conocimiento del Ministerio Fiscal y cause el menor riesgo para el participante.

- Que la persona haya sido informada por escrito de sus derechos y de los limites prescritos en la Ley y disposiciones que la desarrollen, a menos que la persona no esté en situación de recibir la información
- Que los representantes legales del usuario hayan presentado su consentimiento.

Por último, cabe mencionar que los incapacitados de hecho podrán participar en proyectos de investigación cuando se trate de situaciones de emergencia en las que sea imposible obtener la autorización del representante legal del paciente, o bien por carecer de personas que convivan con él. En tal caso, sí que se exigirán el resto de requisitos vistos anteriormente.

### 7.7. La selección del sexo

La Ley 14/2006, de 26 de mayo, reguladora de las técnicas de reproducción humana asistida prohíbe de forma tajante "*la selección del sexo o la manipulación genética con fines no terapéuticos o terapéuticos no autorizados*", lo que considera una infracción grave en su artículo 26.10.

Frente a ello se prevé a sanción que va desde los 10.001 euros hasta un millón de euros, en función de los riesgos para la salud de la madre y embriones, el grado de intencionalidad, la gravedad producida, la generalización de la infracción y la reincidencia.

Tal prohibición no es ninguna novedad en nuestro Ordenamiento Jurídico, pues parte del artículo 14 del Convenio de Oviedo y de la derogada Ley de reproducción asistida de 1988, cuyo artículo 20 la plasmaba en los mismos términos.

Esto nos lleva a decir que sólo puede seleccionarse el sexo del bebé cuando se trata de evitar el desarrollo de alguna enfermedad grave genética ligada al sexo y, especialmente, de las *"enfermedades hereditarias graves, de aparición precoz y no susceptibles de tratamiento curativo posnatal con arreglo a los conocimientos científicos actuales, con objeto de llevar a cabo la selección embrionaria de los preembriones no afectos para su transferencia"* a las que el artículo 12.1 de la Ley hace referencia.

Esta limitación ha suscitado un sinfín de críticas[77]. Es interesante, a modo de ejemplo, un documento sobre selección de sexo publicado por el Grupo de Opinión del Observatori de Bioètica i Dret del Parc Científic de Barcelona[78] del año 2003 y que aboga por la admisión de la selección de sexo por razones no terapéuticas, siempre que no sea utilizada como sistema de discriminación.

Estas corrientes de opinión, basadas en el principio de libertad reproductiva, entienden que la interdicción en la Ley de reproducción humana asistida no se justifica por razones de peligro ni de tipo demográfico, e indican que *"la selección de espermatozoides es una técnica sencilla e inocua, cuya utilización puede ser considerada proporcionada a la finalidad de satisfacer un deseo legítimo, pero no crucial, como es el sexo del futuro nacido"*. Además, se remiten al

---

[77] De hecho, el Instituto de Reproducción CEFER promovió en el año 2013 una plataforma de firmas para exigir la libre elección del sexo de los hijos. (https://www.mifirma.com/proposals/29)

[78] Visto en http://www.publicacions.ub.edu/refs/observatoriBioEticaDret/documents/07903.pdf

Código Penal cuyo Título V tipifica la manipulación genética como delito, sin hacer ninguna referencia a la selección de sexo.

Contrariamente, autores como JUNQUERA DE ESTÉFANI[79] consideran que permitir la selección del sexo podría conllevar problemas como la discriminación económica (sólo la gente adinerada podría recurrir a ella) o desequilibrio demográfico. En particular, el autor alude a que podría verse en peligro el equilibrio entre varones y mujeres, dado que mientras en Europa predomina el deseo de tener una hija, en otras culturas, como en China o India, predomina el de tener un varón.

Mientras que ABELLAN y SANCHEZ-CARO[80] entienden que la selección del sexo sólo debe justificarse si se evita el sufrimiento de la enfermedad en la persona que va a nacer, y no en descendientes de generaciones posteriores, lo que limita las razones para recurrir a la selección del sexo.

Parte de la doctrina piensa que *"la selección de sexo sería una de las primeras posibilidades dentro de un proyecto más global. Con él, lejos de perseguir la mejora de la raza, se busca el perfeccionamiento de las características humanas sobre el cimiento de la libertad de elección"*.[81]

La selección de sexo más allá de fines terapéuticos se prohíbe, como en España, en Alemania y Francia, por ejemplo. Pero está permitida en otros países como Estados Unidos, México y Jordania así

[79] JUNQUERA DE ESTEFANI, R. "Reproducción asistida, Filosofía Ética y Filosofía Jurídica". Ed. Tecnos. Madrid, 1998.

[80] ABELLAN, F.; SANCHEZ-CARO, J. "Bioética y ley en la reproducción humana asistida: manual de casos clínicos". Ed. Comares. Granada, 2009

[81] Selección de sexo: avances e implicaciones éticas. Visto en http://www.elsevier.es/es-revista-revista-internacional-andrologia-262-articulo-seleccion-sexo-avances-e-implicaciones-13133469

pues sorteando la Ley española, para poder seleccionar el sexo del bebé por razones no terapéuticas *"Hay muchas parejas que se desplazan a otros países para poder someterse a este tratamiento y la ILP pretende facilitar el acceso a esta técnica a quien no dispone de recursos para ir al extranjero"*, violentando el artículo 6.4 del Código Civil que dispone que: *"Los actos realizados al amparo del texto de una norma que persigan un resultado prohibido por el ordenamiento jurídico, o contrario a él, se considerarán ejecutados en fraude de ley y no impedirán la debida aplicación de la norma que se hubiere tratado de eludir."*, estaríamos en un caso parecido al de la maternidad subrogada.

### 7.8. La clonación humana

Que es la clonación humana: *"La creación de copias genéticamente exactas de moléculas, células, plantas, animales o seres humanos"*, de forma que *"se obtiene una réplica genética de una célula o de un organismo"* [82]

En el caso de la clonación humana, ésta se consigue mediante la obtención de un óvulo al que se retira el núcleo de ADN, para insertar en él el núcleo ADN de una cédula embrionaria de la misma o de otra persona. Cuando el óvulo es reconstruido, se le introduce una nueva carga de ADN y se activa con estímulos químicos o eléctricos con el fin de que comience la división celular. Si la división se desarrolla únicamente hasta la fase de blastocito (14 días), y se extraen las células troncales desarrolladas, estaremos ante una clonación de células humanas

---

82 RAMIRO AVILES, M.A. "Moralismo legal y bioética. El caso de la clonación humana". 2007. Visto en
https://www.boe.es/publicaciones/anuarios_derecho/abrir_pdf.php?id=ANU-F-2007-10008500108_ANUARIO_DE_FILOSOF%26%23833%3B_DEL_DERECHO_Moralismo_legal_y_bio%E9tica:_el_caso_de_la_clonaci%F3n_humana

con fines terapéuticos. Más allá de esta fase, si el ovulo se transfiere al útero de una mujer, se producirá el nacimiento de un bebé clonado, idéntico genéticamente a la persona que haya donado el núcleo celular. Este bebé desarrollará, al igual que el resto de seres humanos, 46 cromosomas, con la salvedad de que no provendrán de dos personas, sino de una sola.

Pues bien, la Ley 14/2006, siguiendo lo establecido en la Convención de Oviedo, prohíbe de forma expresa la clonación en seres humanos con fines reproductivos, en su artículo 1.3., *"en la reproducción humana asistida, la clonación con fines reproductivos y no terapéuticos"*, son un *"limite infranqueable"* [83]

El artículo 160 de Ley Orgánica 10/1995, de 23 de noviembre, del Código Penal, establece[84]:

*"1.-La utilización de la ingeniería genética para producir armas biológicas o exterminadoras de la especie humana, será castigada con la pena de prisión de tres a siete años e inhabilitación especial para empleo o cargo público, profesión u oficio por tiempo de siete a 10 años.*

*2. Serán castigados con la pena de prisión de uno a cinco años e inhabilitación especial para empleo o cargo público, profesión u oficio de seis a 10 años quienes fecunden óvulos humanos con cualquier fin distinto a la procreación humana.*

*3. Con la misma pena se castigará la creación de seres humanos idénticos por clonación u otros procedimientos dirigidos a la selección de la raza."*

---

[83] DIAZ MARTINEZ, A. "Comentarios científico jurídicos Ley 14/2006, de 26 de mayo, sobre Técnicas de Reproducción Humana Asistida". Ed. Dykinson. Madrid, 2007. Profesora titular de Derecho Civil, Universidad Santiago de Compostela.

[84] Artículo 160 del Código Penal

Cabe decir que la clonación humana, antes de su tipificación en el Código Penal, venía únicamente sancionada por la vía administrativa, concretamente en la ya derogada Ley 35/1988, de 22 de noviembre, sobre técnicas de reproducción asistida, parte de la doctrina creen que la redacción *"absolutamente rechazable"* por *"la inseguridad jurídica generadora por un precepto que conlleva consecuencias radicalmente distintas en relación con su ámbito material en función de la interpretación que se sostenga"* viene influenciada por los dos supuestos que se recogían en la citada ley ya derogada en los artículos 20.2.B.k y 20.2.B.l.[85], así visto desde esta perspectiva tenemos dos supuestos:

a) La clonación humana: Trata de crear seres humanos idénticos.

b) La selección de raza: Trata de mejorar o degradar la raza humana.

La parte minoritaria de la doctrina interpretan que el artículo 160.3, solo incluye un tipo penal, solo existiría un delito con un ámbito bastante restringido pues lo punible solo sería la clonación humana dirigida a la selección de la raza, pero no toda ella tiene esa misma finalidad.

La aprobación de la Ley 14/2007, supuso que España fuera el noveno país del mundo en aprobar la clonación terapéutica de forma expresa[86]. Esta norma, establece en su artículo 33.1 que: "*Se prohíbe la constitución de preembriones y embriones humanos exclusivamente con fines de experimentación*", mientras que su artículo siguiente manifiesta: "*Se permite la utilización de cualquier técnica de obtención de células troncales humanas con fines terapéuticos o de investigación, que no comporte la creación de un preembrión o de un embrión exclusivamente*

---

[85] La Clonación humana ante la reforma penal y administrativa en España. Asier Urruela Mora. Profesor Ayudante Doctor. Universidad Zaragoza 2007.

[86] http://www.20minutos.es/noticia/247646/0/biomedica/clonacion/terapeutica/

*con este fin, en los términos definidos en esta Ley, incluida la activación de ovocitos mediante transferencia nuclear."*, lo que debemos entender como clonación humana con fines terapéuticos, tal y como avanzábamos en el primer párrafo de este punto.

Es innegable que la aprobación de la clonación terapéutica provoca, aún hoy en día, un gran problema ético. Pero más allá de de los debates éticos o religiosos, la clonación terapéutica es impune en Derecho español, a diferencia de lo que encontramos en otros Ordenamientos Jurídicos (especialmente, en las legislaciones de Estados Unidos y de países de América del Sur).

Para los detractores de la clonación como doctor David King, del grupo activista Human Genetics Alert, lamenta que los científicos hayan logrado *"un método para crear con confianza embriones clonados", "Esto hace imperativo crear una prohibición legal internacional a la clonación humana antes de que haya más investigaciones como ésta. Es extremadamente irresponsable haber publicado este estudio"*[87] a raíz de que un equipo de la Universidad de Salud y Ciencia de Oregón consiguiera la clonación de células madre embrionarias de humanos mediante el proceso de trasferencia nuclear.

Otros en cambio *"Sabiendo que hace falta mucho trabajo para desarrollar tratamientos seguros y efectivos con células madre, creemos que este es un paso significativo hacia el desarrollo de las células que podrían usarse en medicina regenerativa"*[88]

---

87 Visto en https://consalud.es/industria/clonan-por-primera-vez-celulas-madre-embrionarias-de-humanos-5471

88 Visto en http://www.bbc.com/mundo/noticias/2013/05/130515_clonacion_humana_avance_jgc

Muchos laboratorios llevan años investigando la clonación, nada mas lejos que si traemos a colación la famosa oveja Dolly, sin embargo la mayoría de la comunidad científica está en contra de la clonación de seres humanos en sentido amplio de la palabra, la división viene a la hora de que si bien se estaría a favor en una interpretación restrictiva y solo circunscribiéndola a la finalidad terapéutica, la cuestión es cual es el limite a la clonación terapéutica, porque bajo el paraguas de terapéutica los defensores de estas prácticas pretenden incluir técnicas o procesos que para otros no deberían estar incluidas en esta definición, de ahí la división en la Asamblea general de la ONU, el 8 de marzo de 2005.

**7.9 Impacto de los ensayos clínicos**

El ya derogado Real Decreto 223/2004, de 6 de febrero, por el que se regulan los ensayos clínicos con medicamentos definía el ensayo clínico como : *"toda investigación efectuada en seres humanos para determinar o confirmar los efectos clínicos, farmacológicos y/o demás efectos farmacodinámicos, y/o de detectar las reacciones adversas, y/o de estudiar la absorción, distribución, metabolismo y excreción de uno o varios medicamentos en investigación con el fin de determinar su seguridad y/o su eficacia."*[89]

Esta norma vino a sustituir el Real Decreto 561/1993, de 16 de abril, que establecía los requisitos para la realización de ensayos clínicos con medicamentos, y cuyo artículo 3 distinguía cuatro tipos de ensayos clínicos en función de sus objetivos. Por su importancia se detallan a continuación[90]:

---

89  Visto en https://www.boe.es/buscar/doc.php?id=BOE-A-2004-2316

90  Visto en https://www.boe.es/diario_boe/txt.php?id=BOE-A-1993-12483

1. Ensayos clínicos en fase I: suponen los primeros estudios en humanos, normalmente sanos, para evaluar los efectos y la seguridad del producto, de forma que lo que se proporciona es una información preliminar cuyo fin es orientar sobre la pauta de administración más apropiada.

2. Ensayos clínicos en fase II: se realiza en pacientes que sí padecen la enfermedad o entidad clínica de interés. Su objetivo es, no sólo ofrecer una información preliminar sobre la eficacia del producto, sino dar respuestas definitivas acerca de la eficacia y seguridad del mismo.

3. Ensayos clínicos en fase III: se busca evaluar la eficacia y seguridad del tratamiento experimental intentando reproducir las condiciones de uso habituales y considerando las alternativas terapéuticas disponibles en la indicación estudiada. La muestra de pacientes es más amplia y representativa respecto a la fase II.

4. Ensayos clínicos en fase IV: se realizan con un medicamento después de su comercialización y estudian aspectos aún no valorados o condiciones de uso distintas de las autorizadas como podría ser una nueva indicación.

Como se ha avanzado, el Real Decreto 561/1993 fue derogado por el Real Decreto 223/2004. Éste último fue el resultado de la incorporación a nuestro Ordenamiento Jurídico de la Directiva 2001/20/CE que perseguía la aproximación de las disposiciones legales, reglamentarias y administrativas de los Estados miembros sobre la aplicación de buenas prácticas clínicas en la realización de ensayos clínicos con medicamentos de uso humano.

Se crearon los Comités Éticos de Investigación Clínica –CEIC- como organismos independientes, encargados de velar por la protección de los derechos, seguridad y bienestar de los sujetos que participaban en los ensayos, de ofrecer garantía pública al respecto, mediante un dictamen sobre el protocolo del ensayo, la idoneidad de los investigadores y la adecuación de las instalaciones, así como los métodos y los documentos que vayan a utilizarse para informar a los sujetos del ensayo con el fin de obtener su consentimiento informado.

Poco después, la Ley 14/2007 de Investigación Biomédica incidiría también en los ensayos clínicos. Se ha discutido mucho sobre si la Ley 14/2007 afecta o no a esta materia porque su artículo 1.3 manifiesta que : *"la investigación biomédica a la que se refiere esta Ley incluye la investigación de carácter básico y la clínica, con la excepción en este último caso de los ensayos clínicos con medicamentos y productos sanitarios, que se regirán por su normativa específica."*[91]

Así, RAMIRO AVILÉS[92], considera que esta Ley sí afecta a los ensayos públicos. En particular, dice, porque *"los ensayos clínicos con medicamentos son un tipo de investigación biomédica que supone una intervención sanitaria en seres humanos mediante la evaluación experimental de una sustancia o medicamento no autorizado como especialidad farmacéutica o en condiciones de uso distintas de las autorizadas, y que busca poner de manifiesto sus efectos farmacodinámicos; recoger datos referentes a su absorción, distribución, metabolismo y expulsión en el organismo humano; establecer su eficacia*

---

91 https://www.boe.es/buscar/doc.php?id=BOE-A-2007-12945

92 RAMIRO AVILES, M.A. "Impacto de la Ley 14/2007 de Investigación Biomédica en los ensayos clínicos". Visto en http://e-archivo.uc3m.es/bitstream/handle/10016/9119/impacto_ramiro_MC_2008.pdf?...

*para una indicación terapéutica, profiláctica o diagnóstica determinada; conocer el perfil de sus reacciones adversas y establecer su seguridad"*

Esta consideración es la que compartimos, por cuanto, de hecho, la Ley 14/2007 llega incluso a crear los Comités de Ética de Investigación –CEI- que vendrían a sustituir a los CEIC. Además, crea el Comité de Bioética de España como *"órgano competente para la consulta de todos aquellos aspectos con implicaciones éticas y sociales del ámbito de la Medicina y la Biología y está llamado a fijar las directrices y principios generales para la elaboración de códigos de buenas prácticas de investigación científica que desarrollen los Comités de Ética de la Investigación"*[93]

Para entonces, a las instituciones europeas les llovían las críticas por la excesiva burocracia a realizar en materia de ensayos públicos. Por este motivo, el Reglamento UE 536/2015 del Parlamento Europeo y del Consejo, de 16 de abril de 2014 vendría a derogar la Directiva del 2001, estableciendo procedimientos más simples, acortamiento de plazos, exigiendo transparencia en los resultados, un marco armonizado de autorización con un sistema único de evaluación y de mecanismos de cooperación transfronteriza permitiendo la participación de pacientes en ensayos clínicos de otros Estados.

Nuestro legislador fue pionero en su aplicación. Derogó el RD 223/2004 mediante la publicación del actual RD 1090/2015, de 4 de diciembre, por el que se regulan los ensayos clínicos con medicamentos, los Comités de Ética de la Investigación con medicamentos y el Registro Español de Estudios Clínicos. Esto fue aplaudido por el sector científico por cuanto suponía una ventaja competitiva respecto al resto de Estados.

---

93 Así lo recoge la Exposición de Motivos de la Ley 14/2007

Se completó la regulación de los CEI y se regularon las funciones de la Agencia Española y Productos Sanitarios –AMPS- a quien se le asignan desde entonces funciones en materia de coordinación para los ensayos clínicos con medicamentos, supervisión, acreditación a los CEI, etc. De hecho, en la actualidad, sólo se puede iniciar un ensayo clínico cuando CEI y la AEMPS hayan determinado que se cumplen con los requisitos del artículo 3 del Real Decreto:

a) El ensayo clínico es ética y metodológicamente correcto y está diseñado para que se obtengan datos fiables y sólidos.

b) Los beneficios para el sujeto del ensayo o para la salud pública esperados justifican los riesgos y los inconvenientes previsibles, y se supervisa de forma constante el cumplimiento de esta condición. No obstante, los derechos, la seguridad, la dignidad y el bienestar de los sujetos prevalecen sobre cualquier otro interés.

c) Se obtiene y documenta el consentimiento informado de cada uno de los sujetos del ensayo, libremente expresado, antes de su inclusión en el ensayo en los términos previstos.

d) Se respetan los derechos del sujeto a su integridad física y mental, y a su intimidad, y se protegen los datos de carácter personal que le conciernen, de acuerdo con la Ley Orgánica 15/19995, de 13 de diciembre, de Protección de Datos de Carácter Personal, y su normativa de desarrollo, así como con la normativa europea vigente en la materia.

e) El ensayo clínico ha sido diseñado para reducir al mínimo posible el dolor, la incomodidad, el miedo y cualquier otro riesgo previsible para los sujetos del ensayo y tanto el nivel de riesgo como el grado de incomodidad están específicamente definidos en el protocolo y bajo supervisión constante.

f) La atención sanitaria que se dispensa y las decisiones médicas que se adoptan sobre las personas son responsabilidad de un médico, de un odontólogo debidamente cualificado o de otro profesional sanitario, siempre en orden a sus competencias para ofrecer los cuidados necesarios.

g) Se han facilitado al sujeto de ensayo o, si este no es capaz de dar su consentimiento informado, a su representante legalmente designado, los datos de contacto de una entidad que puede proporcionarle información adicional en caso de necesidad. En el caso de personas con discapacidad, esta información complementaria se ofrecerá según las reglas marcadas por el principio de diseño para todos, de manera que les resulte accesible y comprensible.

h) No se ha ejercido en los sujetos del ensayo influencia indebida alguna, inclusive de carácter económico, para que participen en el ensayo.

i) Se ha contratado el seguro o garantía financiera equivalente prevista en esta norma, o se dispone de la cobertura prevista en la misma para los "ensayos clínicos de bajo nivel de intervención".

Otra novedad del real Decreto 1090/2015 radica en la creación de dos figuras:

- <u>El ensayo clínico de bajo nivel de intervención</u> para canalizar los ensayos clínicos cuyo nivel de riesgo no es superior a la práctica clínica habitual. Para este ensayo no es obligatorio un seguro, siempre y cuando esté cubierto por el seguro de responsabilidad civil profesional individual o colectivo del centro sanitario donde se lleve a cabo el ensayo o por una garantía financiera equivalente (artículo 9).

- <u>La investigación clínica sin ánimo comercial</u> para fomentar la investigación clínica en el ámbito académico o institucional. Se establece que los ensayos clínicos que se correspondan con la definición de investigación clínica sin ánimo comercial se beneficiarán de la exención de tasas o de tasas reducidas en todos los supuestos (artículo 33). Además, en este tipo de ensayos, si bien no dejará de ser exigible un seguro, se podrá solicitar la autorización con anterioridad a su contratación (artículo 9).

Por otro lado, y aunque la Ley 29/2006, de 26 de julio, de garantías y uso racional de los medicamentos y productos sanitarios, regulaba de forma básica un registro nacional público y libre de ensayos clínicos, con el fin de garantizar la transparencia en la información, habrá que esperar al RD 1090/2015 para crear el Registro Español de Estudios Clínicos[94]. La función de éste es la de *"recoger los ensayos clínicos autorizados y los estudios de tipo observacional, y con carácter potestativo otros estudios clínicos, nacionales o internacionales, siempre y cuando tengan al menos un centro participante ubicado en España o cuenten con una contribución española que se considere significativa."*

El R.D. complementa el Reglamento Europeo en materia del consentimiento que el sujeto que se presta al ensayo debe otorgar. En este punto, destacar la amplitud de sujetos que pueden prestarse a ello (discapacitados, incapaces, menores, etc).

Así, el artículo 4.2, siguiendo las previsiones del artículo 31 del Reglamento Europeo permite que el representante legal de un discapacitado pueda otorgar consentimiento para acceder al ensayo clínico. Por su parte, el artículo 4.3, junto con el artículo 5, posibilita que los sujetos sean menores de edad o sujetos que no tengan plena capacidad jurídica de obrar, para lo que también requiere consentimiento

---

[94] Visto en https://reec.aemps.es/reec/public/web.html

del representante legal. Ahora bien, si el menor tiene más de doce años, tendrá derecho a ser oído.

La puerta de acceso a los ensayos clínicos es amplia, que incluso se prevé que el sujeto sea una mujer embarazada o en período de lactancia, según manifiesta el artículo 8.

El artículo 7 prevé los ensayos clínicos en situaciones de urgencia, *"cuando el ensayo clínico tenga un interés específico para la población en la que se realiza la investigación, y lo justifiquen razones de necesidad en la administración del medicamento en investigación"* Es este caso, se podrá prescindir del consentimiento previo informado siempre y cuando se cumplan los requisitos establecidos en el Reglamento.

Sea quien sea el usuario que se presta al ensayo, el artículo 4.5 posibilita la revocación del consentimiento, sin expresión de causa y sin que de ello se derive responsabilidad o perjuicio alguno para el participante. Si ello ocurre, los datos y muestras empleados hasta entonces podrán utilizarse en estudios posteriores sólo con el consentimiento del afectado.

En cualquier caso, estos sujetos deberán ser indemnizados por los eventuales daños y perjuicios sufridos como consecuencia del ensayo, por lo que el promotor tiene que haber contratado un seguro o garantía financiera que cubra los daños y perjuicios, a excepción de los ensayos clínicos de bajo nivel de intervención.

En este punto, destacar que el artículo 10 Real Decreto establece un régimen de responsabilidad, responsabilidad que se presumirá cuando los daños del sujeto se produzcan durante el ensayo y el año siguiente a la finalización del tratamiento. Fuera de este periodo, el sujeto deberá probar el nexo de causalidad.

En caso de concurrir responsabilidad, se deberán resarcir al sujeto *"todos los gastos derivados del menoscabo en la salud o estado físico de la persona sometida al ensayo clínico, así como los perjuicios económicos que se deriven directamente de dicho menoscabo, siempre que este no sea inherente a la patología objeto de estudio o a la evolución propia de su enfermedad como consecuencia de la ineficacia del tratamiento"*, siendo el importe mínimo de 250.000 euros por persona.

### 7.10. La procreación artificial.

La procreación o fecundación artificial es un procedimiento técnico cuyo objetivo es la concepción de un ser humano por una vía diversa de la unión del varón con la mujer. En particular, se trata de lograr la unión de los gametos masculinos y del femenino mediante un procedimiento que puede realizarse dentro de cuerpo de la mujer (intracorpórea) o fuera (extracorpórea).

ENGUER GONZALEZ [95] opina que la aparición de esta técnica supuso una vía de esperanza para aquellas parejas y matrimonio afectados por la esterilidad, infertilidad o bien por enfermedades genéticas que no desean para sus hijos. Y no sólo para parejas y matrimonios heterosexuales y homosexuales, sino también para aquellas mujeres solas que desean acceder a la maternidad.

El origen legal de estas técnicas lo encontramos en la antigua Ley de reproducción asistida de 1988. Para entonces, el primer Banco de semen en España cumplía diez años y ya habían nacido 2.000 niños mediante

---

[95] ENGUER GONZALEZ, P. "Aspectos jurídicos de la reproducción asistida". 2015. Visto en https://riunet.upv.es/bitstream/handle/10251/54314/ENGUER%20-%20Aspectos%20jur%C3%ADdicos%20de%20la%20reproducci%C3%B3n%20asistida.pdf?sequence=4

técnicas de inseminación artificial. Su Exposición de Motivos se justificaba manifestando que *"los campos de la Biomedicina y la Biotecnología, han posibilitado, entre otros, el desarrollo y utilización de técnicas de reproducción alternativas a la esterilidad de la pareja humana, generalmente conocidas como Técnicas de Reproducción Asistida o Artificial, algunas de ellas inimaginables hasta hace muy poco. (....) Las técnicas de Reproducción Asistida han abierto expectativas y esperanzas en el tratamiento de la esterilidad cuando otros métodos son poco adecuados o ineficaces. Se calcula que en España hay unas 700.000 parejas estériles casadas en edad fértil, admitiéndose un porcentaje del 10/13 por 100 del total, de las que un 40 por 100 podrían beneficiarse de la FIVTE o técnicas afines y un 20 por 100 de la Inseminación Artificial. Existen, además, 13 Bancos de Gametos y 14 Centros o Establecimientos sanitarios, públicos o privados, en los que se realizan estas técnicas o sus procedimientos accesorios."*

La norma actual que regula esta materia es la Ley 14/2006. En este punto, es necesario que distingamos dos tipos de fecundación artificial: la homóloga (con los mismos gametos de los cónyuges) y la heteróloga (cuando los gametos pertenecen a un hombre o una mujer diferente a los cónyuges).

Para este último caso, la Ley 14/2006 establece una serie de garantías o requisitos relativos a los donantes. Así, el artículo 5 exige que los donantes posean plena capacidad de obrar y gocen de un buen estado de salud. Se establece, además, que el número máximo autorizado de hijos nacidos en España, generados con gametos de un mismo donante, no deberá ser superior a seis.

Este tipo de fecundación conlleva que los donantes no tengan ninguna responsabilidad sobre sus descendientes. Asimismo, se prevé la garantía de confidencialidad, en tanto que la donación será anónima y debe garantizarse que sea confidencial entre el donante y los bancos de gametos. Si bien, los descendientes nacidos podrán por sí mismos, o por sus representantes obtener información de los donantes que no incluya su identidad, derecho que también corresponde a las receptoras de gametos y preembriones. Y, de forma excepcional, se prevé: *"en circunstancias extraordinarias que comporten un peligro cierto para la vida o la salud del hijo (*por ejemplo, un trasplante) *o cuando proceda con arreglo a las Leyes procesales penales* (cuando por ejemplo el donante oculta una grave enfermedad)*, podrá revelarse la identidad de los donantes, siempre que dicha revelación sea indispensable para evitar el peligro o para conseguir el fin legal propuesto. Dicha revelación tendrá carácter restringido y no implicará en ningún caso publicidad de la identidad de los donantes."*

Esto conlleva que la usuaria no podrá elegir un determinado donante ya que, de otro modo, nos encontraríamos ante una infracción grave de conformidad con el artículo 26.2 de la Ley. Esta garantía de confidencialidad ha venido acompañada de un gran debate ético sobre si el descendiente debe tener o no derecho a conocer la identidad del donante. En este sentido se pronuncia DE LORENZI[96], quién defiende el derecho fundamental del hijo a su identidad, debiéndosele permitir conocer quién es el donante, sin la correspondiente atribución jurídica de

---

96 DE LORENZI, M. "Por los derechos de la infancia y de la adolescencia: un compromiso mundial desde el derecho de participación en el XX aniversario de la Convención sobre los Derechos del Niño". Ed. Bosch. Madrid, 2009.

efectos filiatorios. En sentido parecido se pronunciará LLEDO YAGÜE[97], al recordar que el donante no es responsable directamente de la fecundación efectiva por el acto procreativo, por lo que esta garantía de confidencialidad no debe entenderse inconstitucional en los términos del artículo 39 CE. Si bien, el propio autor acaba concluyendo que la postura idónea, al igual que de DE LORENZI, hubiese sido permitir al descendiente conocer la identidad del donante, sin posibilidad de exigir responsabilidad jurídica. Por su parte, ARECHEDERRA[98], ni siquiera reconoce esta posibilidad, al entender que no se puede establecer relación alguna entre donante y descendiente, de forma que nos encontraríamos ante un padre inexistente, conclusión a la que llega DIAZ MARTINEZ[99], por cuanto éste únicamente se limita a donar material genético sin que haya voluntad de ser progenitor del descendiente.

Esta última conclusión sería compartida por el Tribunal Constitucional[100], quién entendió que, en este caso, no había desprotección del hijo por el anonimato del donante, dado que la revelación sí se permite en casos excepcionales y en cualquier caso se reconoce a los hijos obtener información general del donante. Esta misma resolución judicial alude, además, al hecho de que es

---

[97] LLEDO YAGÜE, F. "La Ley sobre técnicas de reproducción asistida". Visto en http://www.notariado.org/liferay/c/document_library/get_file?folderId=12092&name=DLFE-12818.pdf

[98] ARECHEDERRA, L. "La paternidad del donante". Ed. La Ley: Revista jurídica española de doctrina, jurisprudencia y bibliografía N°3, 2005.

[99] DÍAZ MARTINEZ, A. "Régimen jurídico-privado de la reproducción asistida en España: El proceso legal de reformas. Ed. Dykinson. Madrid, 2006.

[100] STC 116/1999, de 17 de junio de 1999. Recurso de inconstitucionalidad 376/1989.

precisamente este derecho a la intimidad del donante lo que favorece el acceso a estas técnicas.

Por último, hay que saber que la donación es gratuita o altruista, a pesar de que la Ley prevé una compensación económica para resarcir los gastos y molestias causadas al donante. En cualquier modo, esta compensación no puede suponer un incentivo económico.

Nuestra norma es amplia y también se ocupa de lo relativo a la filiación. Se regulan una serie de reglas específicas en cuyo defecto, deberán aplicarse reglas generales de filiación de las Leyes civiles. En este sentido, destacar el artículo 7.2 que reza: *"En ningún caso, la inscripción en el Registro Civil reflejará datos de los que se pueda inferir el carácter de la generación".*

En cuanto a la determinación legal de la filiación, y siguiendo lo establecido en el artículo 6 relativo al consentimiento del marido, el artículo 8.1 dispone que ni la usuaria ni su marido, una vez hayan prestado su consentimiento a la técnica, podrán impugnar la filiación matrimonial del hijo nacido como consecuencia de tal fecundación. La Ley, pues, crea una presunción iuris et de iure que impide impugnar la filiación.

Por su parte, el artículo 8.3 preceptúa que: *"La revelación de la identidad del donante en los supuestos en que proceda conforme al artículo 5.5 de esta Ley no implica en ningún caso determinación legal de la filiación."*

Es interesante hacer una breve mención al artículo 9, que regula los casos en que el marido muere cuando la mujer se está sometiendo a las técnicas de reproducción asistida. En tal caso, sólo podrá determinarse la filiación si el material reproductor ya se halla en el útero de la mujer a la fecha de la muerte del varón, a excepción de que éste haya prestado su consentimiento fehacientemente para que su material pueda ser utilizado en los 12 meses siguientes a su fallecimiento para fecundar a la mujer.

## 8. Conclusión.

Dice Tamayo Haya que el derecho a la filiación se construye siempre sobre dos ejes diferentes: la verdad biológica y la verdad afectiva, y que la evolución legislativa tiende a integrar al niño en la familia que le ha deseado y que ha manifestado un compromiso parental, independientemente de las circunstancias de su concepción. [101]

Es innegable la repercusión que nuestra normativa tiene en esta materia, así tanto la Ley de Técnicas de Reproducción Humana Asistida como la Ley de Investigación Biomédica en nuestro país son permisivas y avanzadas socialmente y dejan la puerta abierta a nuevos avances en reproducción asistida, lo cual provoca un debate ético en cuanto a las técnicas que allí se reflejan y las que no.

Una de ellas ha sido el amplio acceso a las técnicas de reproducción asistida viene contrarrestado por la prohibición en España de la maternidad subrogada, según establece el artículo 10 LTRHA. [102] Esta conducta, definida como un acuerdo por el cual una mujer acepta portar en su vientre un niño por encargo de otra persona o de una pareja con el compromiso de entregarles al recién nacido y renunciar a la filiación, constituye, además, un delito tipificado en el artículo 221 del Código Penal. En consecuencia, muchas parejas han recurrido a "vientres de alquiler" en Ordenamientos Jurídicos extranjeros, aunque su elevado

---

101 Tamayo Haya, S. "Hacia un nuevo modelo de filiación basado en la voluntad de las sociedades contemporáneas". Universidad de Cantabria. Visto en:
http://portal.uned.es/pls/portal/docs/PAGE/UNED_MAIN/LAUNIVERSIDAD/UBICACIONES/06/PUBLICACIONES/REVISTA%20DIGITAL%20FACULTAD%20DE%20DERECHO/NUMEROS%20PUBLICADOS/NUMERO%20VI/NUEVOMODELODEFILIACION.PDF

102 Será nulo de pleno derecho el contrato por el que se convenga la gestación, con o sin precio, a cargo de una mujer que renuncia a la filiación materna a favor del contratante o de un tercero

coste económico ha supuesto en realidad el auge de la procreación artificial, cuya técnicas más conocida por nosotros es la fecundación in vitro. España vive actualmente un debate político al respecto, trufado como no por posiciones ideológicas y religiosas, pero ajeno a un debate sosegado, y lejos de ello, mas bien envuelto en contradicciones, pues la Ley considera nulos la maternidad subrogada en nuestro país pero aceptamos según la ultima sentencia de la Sala Social del Tribunal Supremo la filiación de los bebes nacidos por esta practica en el extranjero.

No aceptamos esta practica en este país bajo la premisa (teorías izquierdistas o conservadoras) de mercantilización del cuerpo de la mujer, que no puede estar sometido a precio, incluso negando la posibilidad de maternidad subrogada ya no a titulo oneroso, sino gratuito, y sin embargo si permitimos la donación de óvulos, a titulo "gratuito", cuando se les compensa a las mujeres jóvenes que se someten a esta técnica a una "pequeña" compensación.

Esta claro que este tema merece una regulación mas apropiada y un debate mas sereno, existen países que la regulan positivamente pero con unos requisitos bastante estrictos, gratuita, mujeres gestantes con estudios psicológicos y sociales, para evitar que accedan a estas practicas bajo la necesidad de dinero, etc. Requisitos que eviten la mercantilización de la mujer y restringan que nacionales acudan a terceros países sospechosos de no respetar los derechos humanos y realizar contratos onerosos con gestantes con necesidad económica. Regulando esta practica de una manera positiva a titulo gratuito, también daría lugar a que personas con menos poder adquisitivo puedan acceder a esta técnica, ya que conforme está configurada actualmente solo quien tenga un alto poder adquisitivo puede viajar, contratar, etc.

Nuestra Ley no recoge la posibilidad de los trasplantes de útero "Para las mujeres con factor uterino absoluto las opciones reproductivas actuales son la gestación subrogada y la adopción. En comparación con estas dos opciones, el trasplante de útero ofrece varias ventajas. La principal es el potencial de un vínculo genético entre la madre y el niño (posible en la maternidad subrogada, pero no en la adopción), así como la capacidad de la receptora para experimentar algunas sensaciones físicas y emocionales del embarazo (no posible en el caso de útero subrogado). El trasplante de útero también puede ser una alternativa legal en los países en los que la subrogación altruista o comercial está prohibida o la práctica se desaconseja por motivos religiosos o culturales."[103], algunos consideran que es demasiado pronto para abrir un debate sobre si debe regularse esta practica pues aun esta en periodos experimentales, que suponen aparte un alto coste económico y supone que todavía hay que evaluar el coste-beneficio para la donante y para la receptora.

He intentado tratar el tema de la universalidad en el acceso a las técnicas de reproducción asistida, prácticamente no hay límites para someterse a las técnicas de reproducción asistida: basta con ser una mujer con capacidad de obrar y con independencia del estado civil y condición sexual. No se establece ninguna edad máxima, ni se restringe el acceso a las mujeres con discapacidades físicas o psíquicas, en pro del derecho a ser madre. Aunque así ha sido avalado por el Tribunal Constitucional, esta universalidad vendría a ser uno de los temas calientes y polémicos

---

103 Silvia Inés Ciarmator. Trasplante de útero: algunos aspectos críticos para analizar . Visto en http://www.fasgo.org.ar/images/EDITORIAL_TRANSPLANTE_UTERINO.pdf

de la norma. En nuestra opinión, este inmenso principio de autonomía debería ser reconsiderado por el legislador, especialmente cuando el deseo de ser madre puede poner en peligro la salud de la mujer o de los futuros descendientes.[104]

La permisividad de la norma se materializa también la posibilidad de la fecundación post mortem, aunque con determinadas exigencias. La permite esta técnica siempre que "el material genético ya se halle en el cuerpo de la mujer" o bien si no fuere así que el fallecido haya prestado su consentimiento –se admite el consentimiento presunto- a que su propio material genético se use para fecundar a la mujer en el plazo de doce meses posteriores a su fallecimiento. Esta cuestión esta plagada de criticas ya que deja desprotegidas a las parejas y matrimonios homosexuales, así como la contradicción respecto al Código Civil en materia de filiación que no ha sido corregida por el legislador, también la posibilidad de que el material genético fuera de un donante, o que el proceso de fecundación in vitro llegue a termino fuera del plazo de los doce meses, la mala redacción del artículo sobre la fecundación post mortem plantea muchos debates tanto jurídicos como éticos.

Otra cuestión que plantea controversia viene dada por la investigación con los preembriones sobrantes de las técnicas de reproducción asistida que quedan sometidos a crioconservación, la Ley regula el destino de los preembriones sobrantes que pueden: ser deshechos o utilizados por la misma pareja en un futuro, ser donados a otra pareja o a la investigación, pero prohibido dedicarlos con fines de

---
104 Precisamente para evitar casos tan sonados como el de una mujer española de 64 años que dio a luz recientemente a gemelos tras someterse a técnicas de reproducción asistida, a pesar de que anteriormente se le había retirado la custodia de otra hija. http://www.elconfidencial.com/sociedad/2017-02-15/madre-64anos-burgos-gemelos-fecundacion-invitro_1332558/

experimentación. La investigación con preembriones es una práctica a la que, de hecho, el Convenio de Oviedo deja la puerta abierta, y que se propicia a raíz de la Ley 45/2003 para solucionar la acumulación de preembriones congelados a la fecha de su promulgación.

En torno a la personalidad jurídica del embrión, se ha planteado todo un debate ético, lo que plantea hasta qué punto quedan afectados el derecho a la vida (artículo 15 CE) y el derecho a la dignidad (artículo 10), el Tribunal Constitucional, avaló la constitucionalidad de la norma, y otorgó al preembrión la calidad de "nasciturus", haciendo a este titular de un derecho a la protección, pero ello conlleva que éste pueda ser titular del derecho a la vida.

En contrapartida a la permisividad, la Ley prohíbe, al igual que en Derecho comparado otro tipo de técnicas como la selección del sexo y la clonación humana, solo se permiten cuando tengan fines terapéuticos. Llama la atención que la clonación humana esté expresamente recogida en el Código Penal como delito, mientras que éste nada diga al respecto de la selección del sexo. En cualquier caso, el posicionamiento en contra de estas técnicas me parece acertado, de no ser así, se desnaturalizaría el fin de reproducción asistida, que acabaría convirtiéndose en un negocio para las empresas del sector, en la búsqueda y producción de "hijos a la carta".

Respecto al Diagnóstico Genético Implantacional –DGP- ya permitido desde la Ley de 1988. la legislación permite esta técnica para detectar enfermedades hereditarias graves, de aparición precoz y no susceptibles de tratamiento curativo postnatal u otras alteraciones que pudieran comprometer la viabilidad del preembrión, salvo estos caso tasados en los que no es necesario una autorización expresa, se contempla se contempla que cuando sea con fines terapéuticos para terceros sea necesario un estudio "caso por caso" de la autoridad sanitaria correspondiente.

A pesar de las cuestiones éticas que rodean a la normativa actual, no se puede negar la gran acogida que ha tenido por parte del sector científico. Se debe reconocer que, en este avance legislativo, encontramos una norma más precisa que no deja menos asuntos sin atar como su antecesora, habrá que esperar, sin embargo, al pertinente desarrollo normativo.

En cualquier caso cualquier regulación al respeto debe conciliar el avance científico, con el respecto a los derechos constitucionales.

**9. Jurisprudencia.**
1. La Ley 14/2006, de 26 de mayo, sobre técnicas de reproducción humana asistida.
2. Ley 14/2007, de 3 de julio, de investigación biomédica.
3. Ley 35/1988, de 22 de noviembre, sobre Técnicas de reproducción humana asistida.
4. Ley 45/2003, de 21 de noviembre, por la que se modifica la Ley 35/1988, de 22 de noviembre, sobre Técnicas de Reproducción Asistida.
5. Ley 20/2011, de 21 de julio, del Registro Civil.
6. Ley Orgánica 10/1995, de 23 de noviembre, del Código Penal.
7. Ley 51/2003, de 2 de diciembre, de igualdad de oportunidades, no discriminación y accesibilidad universal de las personas con discapacidad.
8. Ley 9/1998, de 15 de Julio, Codigo de Familia (Vigente hasta 1 enero de 2011).
9. Real Decreto de 24 de julio de 1889, por el que se publica el Código Civil.
10. Convenio de Oviedo.
11. Convenio de Helsinki.
12. Orden SSI/2065/2014, de 31 de octubre, por la que se modifican los anexos I, II y III del Real Decreto 1030/2006, de 15 de septiembre, por el que se establece la cartera de servicios comunes del Sistema Nacional de Salud y el procedimiento para su actualización.
13. Resolución D.G.R.N. de 18 de febrero de 2009. <http://portaljuridico.lexnova.es>
14. Instrucción de 5 de octubre de 2010. de la Dirección General de los Registros y del Notariado, sobre régimen registral de la filiación de los nacidos mediante gestación por sustitución.
15. Sentencia nº 835/2013, Tribunal Supremo, Sala de lo Civill, de fecha de resolución: 06/02/2014. <www.poderjudicial.es>

## 10. Bibliografía.

1.- Juan Moya, Doctor en Medicina y en Derecho Canónico | Fuente: Análisis Digital La ley española de reproducción asistida

2.- BAYARRI MARTÍ, M.L. Maternidad por subrogación su recocimiento en España en 2015 <http://noticias.juridicas.com/conocimiento/articulos-doctrinales/10338-maternidad-por-subrogacion-su-reconocimiento-en-espana/>

3.- QUIÑONEZ ESCAMEZ, A., Doble filiación paterna de gemelos nacidos en el extranjero mediante maternidad subrogada.

<http://www.raco.cat/index.php/InDret/article/viewFile/138044/188689>

4.- LLEDO YAGÜE, F. "Comentarios científico-jurídicos a la Ley sobre técnicas de reproducción humana asistida": Ed. Dykinson. 2009.

5.- GERMAN ZURRIARIAN, R. "Un nuevo horizonte filosófico. Ética y ciencia en la investigación biomédica con embriones humanos."

visto en <https://dialnet.unirioja.es/descarga/articulo/2569764.pdf>

6.- RUIZ ABELLAN. E. *"Entre el cientificismo y el mito de la "eterna juventud"*, Alicante, Universidad de Alicante, Cuaderno Bioética, 2004.

7.- DIEZ-PICAZO, LUIS y GULLÓN, A., Sistema de Derecho Civil, pág 280.

8.- CABIDO IGLESIAS, J. "Fecundación post mortem. Análisis jurídico de la regulación en España". Cadernos de Dereito Actual nº2. 2004.

9.-GERMÁN ZURRIARÁIN, R. El concepto de vida «prepersonal», en el futuro de la naturaleza humana, de J. Habermas. Universidad de Navarra. Departamento de Filosofía. Cuadernos de Bioética ISSN: 1132-1989 bioética@um.es Asociación Española de Bioética y Ética Médica

10.-ABELLAN, F., Aspectos bioéticos y legales del diagnostico genético preimplatatorio. Madrid 2006

11.- SERNA MEROÑO, E. "Las técnicas de reproducción asistida: limitaciones para su práctica". Visto en <https://dialnet.unirioja.es/servlet/articulo?codigo=4283062>

12.-ABELLAN, F.; SANCHEZ-CARO, J. "Bioética y ley en la reproducción humana asistida: manual de casos clínicos". Ed. Comares. Granada, 2009.

13.-DIEZ SOTO, C. "Comentarios científico jurídicos a la Ley 14/2006, de 26 de mayo, sobre técnicas de reproducción humana asistida".

14.-Documento sobre selección del sexo. Observatori de bioetica i dret. Elaborado por el Grupo de Opinión del Observatori de Bioètica i Dret Parc Científic de Barcelona Barcelona, febrero de 2003

15.-JUNQUERA DE ESTEFANI, R. "Reproducción asistida, Filosofía Ética y Filosofía Jurídica". Ed. Tecnos. Madrid, 1998.

16.-José Jara Rascón, Pilar Varela Torreiro, María José Durbán Fornieles, María Luz Casas Martínez, Mónica López Barahon Selección de sexo: avances e implicaciones éticas. Visto en <http://www.elsevier.es/es-revista-revista-internacional-andrologia-262-articulo-seleccion-sexo-avances-e-implicaciones-13133469>

17.- RAMIRO AVILES, M.A. "Moralismo legal y bioética. El caso de la clonación humana". 2007.

Visto en <https://www.boe.es/publicaciones/anuarios_derecho/abrir_pdf.php?id=ANU-F-2007-10008500108_ANUARIO_DE_FILOSOF%26%23833%3B_DEL_DERECHO_Moralismo_legal_y_bio%E9tica:_el_caso_de_la_clonaci%F3n_humana>

18.-DIAZ MARTINEZ, A. "Comentarios científico jurídicos Ley 14/2006, de 26 de mayo, sobre Técnicas de Reproducción Humana Asistida". Ed. Dykinson. Madrid, 2007. Profesora titular de Derecho Civil, Universidad Santiago de Compostela.

19.-URRUELA MORA, A. La Clonación humana ante la reforma penal y administrativa en España. Profesor Ayudante Doctor. Universidad Zaragoza 2007.

20.-RAMIRO AVILES, M.A. "Impacto de la Ley 14/2007 de Investigación Biomédica en los ensayos clínicos".

<http://e-archivo.uc3m.es/bitstream/handle/10016/9119/impacto_ramiro_MC_2008.pdf>

21.- PÉREZ MONGE, MARINA, Ver lectura del Auto del Juzgado de Primera Instancia nº 13 de Valencia, de 13 de mayo de 2003. Visto en "Limites a la utilización de las técnicas de reproducción asistida. Reflexión a propósito del Auto del Juzgado de Primera Instancia nº 13 de Valencia de 13 de mayo de 2003".

22.- Carlos M. Romeo Casabona. Revista Medicina Clínica. Ley de Investigación Biomédica: un nuevo y completo mapa para la investigación científica en biomedicina.

23.- Atienza, M. "Sobre la nueva Ley de Repr oducción Humana Asistida". Revista Bioética y Derecho. Publicación cuatrimestral del master en Bioética y Derecho. Número 14, Septiembre de 2008, pagina 4.

24.- SANTAMARIA SOLIS, LUIS. "Técnicas de reproducción Asistida". Aspectos bioéticos de las técnicas de reproducción asistida. Cuadernos de Bioética, 2000/1ª. <www.aebioetica.org>.

25.- Silvia Inés Ciarmator. Trasplante de útero: algunos aspectos críticos para analizar . Visto en :

<http://www.fasgo.org.ar/images/EDITORIAL_TRANSPLANTE_UTERINO.pdf>.

www.ingramcontent.com/pod-product-compliance
Lightning Source LLC
Chambersburg PA
CBHW021836170526
45157CB00007B/2811